날아라 꿈의학교

꿈을 만드는 아이들의 행복한 교육 이야기

날아라 꿈의학교

이민선 지음

오
마북일

아이들은 꿈을 먹고 살아야 한다. 혼자 꾸는 꿈은 아름답고, 함께 꾸는 꿈은 현실이 된다. 그동안 우리 아이들은 학교라는 울타리 안에서 사회가 요구하는 교육과정의 틀을 벗어날 수 없었다. 모진 경쟁, 시험을 통한 등급은 아이들의 꿈을 빼앗아갔다. 그래서 우리는 학교 밖에서 아이들에게 꿈을 찾아주고, 꿈을 만들어주고 싶었다. 학교 밖 마을에는 수많은 전문가들이 있고, 다양한 교육 시설과 기관이 있다. 마을을 총동원하면 학생들이 꿈을 찾고, 새로운 미래를 만들어갈 수 있다고 생각했다.

2015년부터 '꿈의학교'가 곳곳에 문을 열었다. 학교라는 울타리를 넘어 마을교육공동체와 함께 스스로 삶을 키우는 다양한 배움이 펼쳐지고 있다. 즐겁고 신나는 체험, 마을 친구들과 어울리는 관계 속에서 스스로 새로운 경험을 만들어가는 것이다. 교육청은 물론 지역의 시와 군이 힘을 모으고 마을의 여러 전문가들이 참여했다. 물론 학부모들도 아이들과 함께 어울렸다.

이 책에 실린 다양한 사례들은 이러한 노력의 결정체라고 할 수 있다. '맞아, 문제는 자존감이었어' '꿈을 깨야 꿈을 꿀 수 있어' '학생이 교장

선생님! 가능할까?' '마을에서 꿈을 키울 수 있어' '실패해도 괜찮아' 등 이 책의 주제는 꿈의학교의 의미와 색깔을 잘 표현하고 있다.

꿈의학교에서 아름다운 도전을 보여준 우리 아이들이 한없는 상상력으로 자신들의 꿈을 이루어갈 수 있기를 기원한다. 이 책을 통해 우리나라 각 지역마다 꿈꾸는 아이들을 위한 꿈의학교가 만들어지기를 기대한다.

—이재정 경기도교육감

학교에 왜 가는가? 학문을 사랑해서? 기술을 배우려고? 잘 살아가는 방법을 배워서 더 아름다운 사람이 되려고? 꼭 하고 싶은 일이 있어서? 친구들이 보고 싶어서? 아마 친구들 때문에 학교에 간다는 대답이 가장 많을 것이다.

그러면 왜 학교에 가서 엎드려 자는가? 여러 가지 추론과 분석이 있지만, 고등학교를 자퇴한 한 학생은 이렇게 말한다. "학교 수업이 우리에게 이익이 안 되기 때문이다."

이익이라니! 우리는 교육을 말할 때 흥미, 자아실현, 시민교육, 창의성, 자발성 같은 말은 엄청 해대지만 '이익'이라는 말은 차마 입에 올리지 못했다. 그러나 따지고 보면 자아실현이니 인격도야니 하는 것은 겉으로 하는 소리이고, 실제로는 "너희가 시험을 잘 봐야 그게 이익이다"라고 속삭여왔다. 그런데 실제로는 이익이 아닌 것이다. 이름 있는 대학에 갈 수 있는 소수의 아이들을 빼고는 이익이 아닌 것이다.

아이들이 학교에 가는 목적은 친구들과 밥 먹고 간식 먹고 웃고 떠드는 재미 때문이다. 그것마저 없다면 자러 가지도 않을 것이다. 또 다른 이유는 왠지 모를 불안 때문이다. 학교에 가지 않으면 불이익을 받을 것 같기 때문이다. "자도 좋으니 졸업장은 갖고 있어야 하지 않겠니?" 이름난 대학을 나와도 앞날이 보장되는 시대가 아니다. 이미 자리는 꽉 차버렸다. 이제 우리는 답해야 한다. 왜 학교에 가야 하는지, 왜 국어와 수학을 공부해야 하는지, 그래서 학교는 무엇을 해야 하는지 자신 있게 말할 수 있어야 한다.

그동안 학교가 가만히 있었던 것은 아니다. 뜻있는 선생님들이 많은 노력을 했고, 교육청이 지원하고 육성했다. 아침에 눈뜨면 학교에 가고 싶은 아이들이 늘어났다. 혁신학교라는 커다란 성과가 나타나고 있다.

그런데 이것으로 끝인가? 아니다. 여기 또 새로운 길이 있다. 학교가 필요한 이유를 교사와 교육기관이 찾아주는 게 아니라 아이들이 직접 찾는다. 자기에게 필요한 것, 진정 이익이 되는 것, 정말 재미있고 의미 있는 것을 찾아서 원하는 방법으로 공부하고 활동한다. 아이들이 스스로 학교를 만들고 운영하는 것이다.

우리는 지금까지 아이들에게 권한을 준 적이 없다. 해야 할 의무만 주고 책임질 기회를 주지 않았다. 책임을 질 때 아이들은 성장한다. 어른들은 진심으로 아이들에게 알려주고 싶은 것을 전해주면 된다. 그리고 아이들은 정말로 하고 싶은 것을 찾아서 자기 책임으로 하면 된다.

앞으로 세상이 어떻게 바뀔지는 아무도 모른다. 어른들이 시키는 대로

만 하면 되는 시대는 끝났다. 어른들은 책임질 수 없다. 아이들은 자신들이 살아갈 앞날을 스스로 만들지 않으면 안 된다. 이제 어른과 아이가 같이 머리를 맞대야 한다.

다행히 대다수의 아이들은 어른보다 낫다. 그런 아이들과 어른들이 새로운 학교를 만들고, 새로운 수업과 활동을 하고 있다. 그 결과가 얼마나 놀라운지 이 책에 담겨 있다.

— 박재동 만화가, 한국예술종합학교 교수, 꿈의학교 운영위원장

무엇이 행복한 교육, 행복한 사회, 행복한 인생을 만드는 것일까? 나는 이 고민을 품고 '즐거운 학교' '자유로운 일터' '신뢰의 공동체'가 숨 쉬는 덴마크에서 행복 사회의 비밀을 탐구했다. 성적과 스펙을 쌓는 경쟁적인 교육보다 스스로 꿈을 꾸고 인생을 설계하는 배움이 얼마나 중요한지 절실히 깨달았다. 마을이 힘을 모으고, 어른과 아이가 손잡고, 행복한 교육을 향해 나아가는 '꿈의학교'가 그래서 더 반갑고 감동적이다. 이 책은 스스로 선택하는 즐거움을 알려주고, 남과 비교하지 않는 자존감을 심어주며, 그것이 결코 외로운 길이 아님을 보여준다. 쉬었다가도 괜찮아! 다른 길로 가도 괜찮아! 실패해도 괜찮아! 지금 이미 잘하지 않아도 괜찮아!

— 오연호 오마이뉴스 대표 기자, 《우리도 행복할 수 있을까》 저자

"학생이 행복한 학교."

꿈의학교가 바탕으로 삼는 기본 철학이다. 그러면 행복한 학교는 어떻게 가능할까? 꿈의학교에서 정말 꿈을 찾을 수 있을까?

나 역시 온통 의문투성이였다. 하지만 이 의문은 2년 동안 꿈의학교를 취재하면서 확신과 희망으로 바뀌었다.

꿈의학교는 학생들의 상상력을 바탕으로 학생들이 스스로 기획하고 운영하면서 자신들의 꿈을 찾고 실현하는 학교 밖 학교다. 학교 밖이란 일반 학교(공교육)의 밖을 말하는데, 공교육 밖에서 교육이 이뤄질수 있는 원동력은 바로 '마을'이다. 수년 전부터 다양한 마을교육공동체에서 '학생 스스로'와 '실패해도 괜찮아'라는 정신으로 아이들을 길러왔다. 마을교육에 꾸준히 헌신해온 여러 모임과 학부모, 교사들이 꿈의학교의 든든한 밑바탕이 되었다.

'꿈의학교'와 '마을'의 결합. 학교와 마을이 손잡고 충분히 좋은 교육을 할 수 있다는 사실을 새삼 확인하는 과정이었다.

경기도교육청이 추진해 2015년부터 문을 연 꿈의학교는 이제 3년 차로 접어들었다. 2015년에 143개였던 꿈의학교는 2016년에 463개로 크게 늘었다. 뮤지컬, 오케스트라, 실용음악, 합창, 댄스, 공예, 만화, 애니메이션, 사진, 연극, 영화, 여행, 봉사활동, 골프, 수상스포츠, 승마, 자전거, 축구, 생태환경, 독서, 역사, 과학, 미디어, 자연탐구, 발명, 마을축제, 의정 체험, 평화실천 등 분야도 정말 다양하다. 학교 이름들은 저마다 끼와 개성이 넘친다. 대부분 아이들과 함께 지은 이름이다. 학습 내용과 일정도 아이들과 함께 정하고 함께 진행한다.

꿈의학교에서 만난 아이들은 당당하고 쾌활하고 거침이 없었다. 처음에는 학생들의 모습이 낯설었지만, 점차 행복한 풍경으로 다가왔다. 어른이나 잘 모르는 사람 앞에서 위축되고 주눅이 들었던 나의 학창시절과 비교되면서 부럽기도 했다.
"꿈을 깨야 꿈을 꿀 수 있다"는 진솔한 경험을 들을 땐 나도 모르게 고개를 끄덕였고, 말할 수 없는 감동을 느꼈다. 그들은 "실패해도 괜찮다"며 서로의 등을 두드려주었고, 심지어 '꽈당 콘서트'처럼 넘어지는 기회를 통해 삶을 배워나갔다.
꿈의학교를 취재하면서 그동안 내 아이들에게 실패할 기회를 주지 않았다는 자각과 반성이 밀려들었다. '성적이 뭐 대수인가'라는 생각으로 아이를 키웠다고 자부하지만, 솔직히 "공부 좀 해, 열심히 해"라는 말까지는 피하지 못했다. 성적이 떨어지면 아이의 자존감이 무너질까 봐 걱정이 됐기 때문이다. 그래서 싫다는 아이를 억지로 설득해 남들 다 보내는 학원에 보내곤 했다.

그런데 꿈의학교를 직접 보고 나서 생각이 달라졌다. 조급증을 다스릴 수 있었다. 스스로 잘할 때까지, 스스로 꿈을 찾을 때까지 참고 기다릴 수 있게 되었다. '학생 스스로 정신'이 빛나는 꿈의학교를 취재하면서 "어른이, 부모가 조급하지 않아도 된다"는 사실을 깨달은 것이다.

돌이켜보면 나에게 꿈을 심어준 것도 작은 칭찬과 격려였다. 초등학교 4학년 글짓기 시간에 선생님이 반 친구들 앞에서 내 글을 낭독하고 칭찬을 아끼지 않았다. 나는 방과 후에 선생님을 찾아가 특별 수업을 받기도 했는데, 교대를 갓 졸업한 선생님은 가끔 아이스크림 두 개를 양손에 들고 오셨다. 아이스크림을 먹으며 함께 이야기를 나누던 그 시간이 글쓰기 공부보다 더 달콤했던 기억이 난다.

이 일을 계기로 나는 글쓰기에 자신감이 붙었고, 교내 백일장에서 상을 받았으며, 지금도 글을 쓰며 살고 있다. 내 눈에 비친 꿈의학교는 "할 수 있다"며 어깨를 토닥여준 그때 그 '선생님의 아이스크림' 같은 행복한 학교였다.

책에 소개한 학교는 모두 20곳이다. 16곳은 '학생이 찾아가는 꿈의학교'이고, 4곳은 '학생이 만들어가는 꿈의학교'다. 2년에 걸쳐 오마이뉴스에 연재한 글과 〈학생이 만들어가는 꿈의학교 활성화 방안〉(백병부 외, 2016)에 실었던 글을 모아 새로 쓰고, 부족한 부분은 다시 취재해 보강했다.

많은 분들이 이 책이 나오는 데 큰 도움을 주었다. 꿈의학교의 정신에

공감하고 거친 원고를 다듬어 책으로 만든 오마이북 편집부에 감사한
다. 느닷없이 던지는 질문에도 웃는 얼굴로 답하며 많은 이야기를 들
려준 꿈의학교 학생들과 선생님들에게 고마움을 전한다. 이들의 열정
과 도전이 없었더라면 이 책은 나올 수 없었다.

꿈의학교가 어떤 곳인지 궁금한 독자들에게 이 책이 조금이나마 도움
이 되기를 바란다. 새로운 교육, 행복한 교육을 원하는 이에게는 희망
의 메시지와 좋은 길잡이가 될 것이라 자신한다. 이 책을 읽고 행복한
교육을 꿈꾸는 사람들이 늘어난다면 그보다 더한 기쁨은 없을 것이다.

2017년 3월
이민선

차례

3장 • 학생이 교장 선생님! 가능할까?

4장 • 마을에서 꿈을 키울 수 있어

5장 • 실패해도 괜찮아

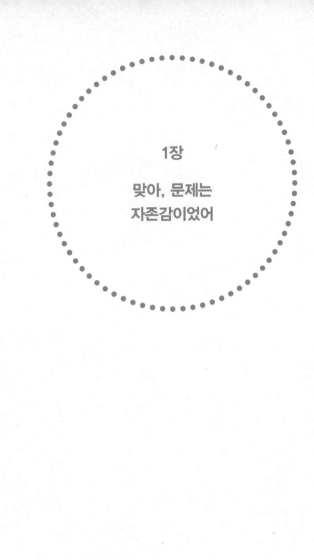

1장

맞아, 문제는
자존감이었어

사과나무숲
꿈의학교

한번 해볼게요, 할 수 있어요

우석헌 자연사 박물관이 운영하는 사과나무숲 꿈의학교. 이 둘은 어떤 관련이 있는 걸까? 이름만 들어서는 쉽게 알 수 없다. 우석헌은 사람 이름 같기도 하고, 사과나무와 숲은 얼핏 주말농장을 연상시킨다. 결국 궁금증을 한 아름 안고 우석헌 자연사 박물관으로 향했다.

박물관은 한적한 도로 주변 야트막한 언덕에 위치해 있었다. 그래도 인근에 풍양초등학교가 있어 그리 외로워 보이지는 않았다. 박물관 건물은 심플하면서도 우아했다. 인공미가 돋보이긴 했지만 자연 그 자체인 푸른 가을 하늘, 산과도 참 잘 어울렸다. 가을이 깊어져 산이 붉게 물들면 박물관이 산의 일부처럼 보일 것 같았다.

"멋진 분이 지나가기에 혹시나 했는데 역시 관장님이셨네요. 사진에서

빈 모습 그대로라 금세 알아봤어요."

이렇게 말문을 열자 우석헌 자연사 박물관 한국희 관장은 시원한 웃음을 던졌다. 먼저 궁금증을 풀기 위해 '우석헌'이 혹시 사람 이름이냐고 물었다. 그는 한자 풀이 그대로 愚石軒은 '어리석은 돌들의 집'이라는 뜻이라며 웃었다. 이 질문을 자주 받는 눈치였다. 사과나무숲의 '사과'도 먹는 과일이 아닌, 역사와 과학을 의미하는 '史·科'라는 한자였다. 사과나무숲이란 이름은 역사와 과학을 융합하는 교육을 하는 학교라는 뜻을 담고 있다.

꽤 쌀쌀한 날씨였지만 박물관 안은 아이들이 뿜어내는 열기로 가득했다. 아이들이 박물관 전체를 온통 점령한 것처럼 곳곳이 붐볐는데, 저마다 하는 행동들이 달라 관찰만 해서는 무엇을 배우고 있는지 도무지 짐작할 수 없었다. 컴퓨터를 뚫어져라 쳐다보는 아이, 생선을 냄비에 넣고 끓이는 아이가 있는가 하면 곡괭이로 땅을 파는 아이, 스티로폼을 다듬는 아이도 있었다. 도대체 이 아이들은 무엇을 하고 있는 것일까?

박물관 전체가 자연 학습장

"아이들은 팀별로 스스로 계획한 활동을 진행해요. 박물관 전체, 심지어 우리 직원들 사무실까지 모두 학습장으로 활용하고 있어요. 학습 주제가 메카닉mechanic(구조, 역학)인데, 아이들의 상상력이 참 대단해요. 뱀처럼 생긴 배를 만드는 팀도 있고, 선사시대에 인류가 살던 움집을 짓는 팀도 있어요. 동물의 진화 과정을 탐구하는 팀, 마을 축제를 기획하는 팀도 있고요. 아이들이 작성한 희망 리스트대로 진행하는 중인데, 워낙 하고 싶은 주제들이 다양하다 보니까 재료 구하는 일도 만만치 않아요."

이제야 의문이 풀렸다. 아이들의 활동이 그래서 저마다 다르게 보였던 것이다. 초·중·고생 52명이 10여 개 팀으로 나뉘어 프로그램을 진행하고 있었는데, 팀마다 전문 강사와 학부모로 구성된 드림 캐스터dream caster라는 학습 도우미가 있었다.

스티로폼을 다듬는 아이들은 뱀처럼 생긴 배 모형을 만드는 팀이었고, 땅을 파는 아이들은 선사시대 가옥인 움집을 짓는 팀이었다. 컴퓨터 앞에 모여 있는 아이들은 축제를 기획하는 팀이었고, 생선을 냄비에 끓이는 아이들은 동물 진화 과정을 탐구하는 팀이었다. 생선 뼈를 분해한 다음 다시 짜 맞추면서 진화 과정을 알아보는 것이다. 물론 죽은 생선을 가지고서다.

눈에 띄는 점은 디자이너, 역사학자, 학예사 등 강사진이 무척 탄탄하다는 것이었다. 꿈의학교를 시작하기 이전에 이미 박물관 자체가 꽤 괜찮은 학교 밖 학교 역할을 해왔기 때문에 가능한 일이었다.

2014년 이 박물관에서는 과학, 수학, 역사, 예술을 융합한 '길 위의 인문학'이라는 프로그램을 진행했다. 앞서 2012년에는 '레지던시형 학생

인턴십'이라는 교육 프로그램을 진행했다. 학생들이 기획, 설계, 디자인 등에 직접 참여해 박물관 전시를 하는 무척 획기적인 프로그램이었다.

이 밖에도 박물관에서는 다양한 교육 프로그램을 진행해왔다. 후손들의 교육을 위해 우석헌 자연사 박물관을 설립했으니 교육에 정성을 쏟는 건 당연한 일이었다. 박물관 자체가 한국희 교장 부부가 평생에 걸쳐 이룩해놓은 작품이다. 이 부부의 꿈은 '제대로 된 교육, 질 높은 교육'을 펼치는 것이다.

박물관에는 지구와 인류의 역사를 짐작케 하는 화석과 광물 등이 10만 점가량 전시·보관되어 있다. 한 관장 남편이 수십 년간 전 세계를 돌며 수집한 것인데, 화석과 광물을 모으기 위해 그는 오지 탐험도 불사했다고 한다. 박물관은 지난 2003년 개관했다.

이런 엄청난 자산이 한 관장에게 자부심을 안겨줬다. 특히 교육에 대한 자부심이 높았다. 제도권 교육과는 사뭇 다른, 살아 있는 교육(실물교육), 자유로운 교육을 한다는 이유에서다. 이런 그에게 꿈의학교가 또 다른 새로운 감동을 안겨주었다.

"박물관 옆에 위치한 풍양초등학교 교장 선생님의 추천으로 꿈의학교를 알게 됐어요. 그래서 2015년 설명회에 참석했고요. 그 설명회에서 참으로 신선한 충격을 받았는데, 바로 '학생 스스로 정신'이었어요. 우린 자유롭게 한다고는 해도 기존의 정해진 커리큘럼(교과과정)이 있는데, 꿈의학교는 그것조차 아이들이 직접 짠다고 해서 정말 감동했어요. 학생 스스로 해나가는 것이 중요하다는 생각을 품고 있는 이들이 많다는 사실도 놀라웠고요. 행복한 교육이 필요하다는 사실도 새삼 깨닫게 됐습니다."

몸으로 배우는 살아 있는 공부

사과나무숲 꿈의학교 아이들이 보여준 활동은 정말 파격적이었다. 돼지를 직접 해부하기도 했는데, 도대체 무슨 까닭일까? 돼지를 해부하면서 무엇을 배우려 한 것일까? 혹시 수의사를 꿈꾸는 아이들일까? 아니었다. 바로 학생 스스로 정신을 실현하는 과정이었다.

"한 아이가 돼지를 해부해보고 싶다고 하기에 깜짝 놀랐어요. 솔직히 기가 막혔죠. 이 수업을 남들이 어떤 시각으로 바라볼지 걱정되기도 했고요. 그런데 아이들 의견이 한번 해보자는 쪽으로 모였어요. 그래서 인도적인 측면까지 고려해가며 돼지를 기초로 한 여러 가지 활동 프로그램을 만들게 됐죠.
돼지와 인간에 관한 민속을 조사한 아이들도 있었고, 돼지를 주제로 뮤지컬을 만든 아이들도 있었어요. 돼지의 눈으로 본 인간 세상을 표현한 작품이었어요. 인도적인 관점으로 본 돼지와 인간의 관계에 관한 것인데, 돼지에 대한 미안함과 고마움을 늘 가슴에 새겨야 한다는 내용이었어요. 또 돼지 뼈로 장신구를 만들기도 했고요. 정말 별걸 다 했어요. 해부를 원치 않는 아이는 해부 과정을 영상에 담는 일을 했어요."

그러면 돼지를 해부하기 위해 살아 있는 돼지를 잡은 걸까? 혹시나 하는 마음에 물었는데, 시장에서 부위별로 구해서 실습을 했다고 한다. 아이들의 경제 감각을 키우기 위해 실습 자재인 돼지고기는 아이들이 직접 시장에 가서 구입했다.

돼지 해부가 단순한 해부 놀이가 아닌 생생한 자연사 교육이었다는 것은 해부 실습을 지도한 강사진을 보면 알 수 있다. 해부학자와 동물학자가 실습 강사로 참여했고, 수의사가 직업인 학부모는 도우미로 함께했다. 뼈로 장신구를 만들 때는 디자이너가, 돼지와 관련한 민속을 연구할 때는 민속학자가 강사로 참여했다. 이처럼 전문가로 이루어진 강사진을 꾸리지 않았다면 동물 학대라는 오해도 샀을 법하다.

이런 특별한 수업을 진행하며 운영한 2015년 사과나무숲 꿈의학교의 성과는 무엇일까?

자존감 높으면 수학·영어도 잘해

"가장 큰 성과는 자신감을 얻었다는 거예요. 학부모들도 대부분 자신감을 큰 성과로 꼽아요. '하기 싫어, 못 하겠어'라고 하던 아이가 '한번

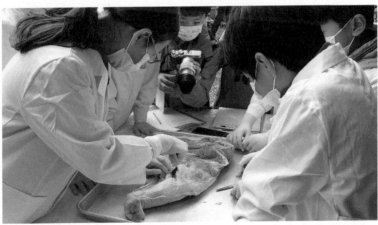

해볼게요, 할 수 있어요'라고 자신 있게 말하는 아이로 바뀐 것이죠. 또 자기 소질을 찾은 아이가 많아요. 영상 촬영을 하면서 그 일에 재미를 붙인 아이도 있고, 뼈 장신구를 만들면서 자신이 디자인에 소질이 있다는 것을 깨달은 아이도 있어요.

그런데 간혹 수능이나 학교 수업과 연관된 수업을 해달라는 학부모도 있었어요. 그런 분들한테는 그런 걸 원하시면 꿈의학교에 올 필요가 없다고 충고했어요.

저는 수학, 영어보다 더 중요한 게 자존감이라고 생각해요. 자존감이 높아지면 나중에 수학, 영어도 더 잘할 수 있어요. 재미도 없고 잘하지도 못하는데 자꾸 못한다고 윽박지르면 점점 더 못하게 되잖아요? 그런데 꿈의학교에서는 서로 격려하면서 잘한다, 잘한다 하니까 신이 나게 되고, 그러다 보면 못하던 것도 잘하게 되는 거죠."

꿈의학교의 교육 성과 중 빼놓을 수 없는 것은 '살아 있는 인문학 지식'을 얻게 됐다는 점이다. 선사시대 체험을 하면서 아이들은 신석기시대에 인류가 빗살무늬 토기에 밥을 지어 먹었다는 사실을 알게 됐다. 그 이전에는 무엇인가를 저장하는 도구로만 알고 있었다고 한다. 빗살무늬 토기를 직접 만들면서 얻은 지식이니 평생 잊지 않을 게 분명하다. 몸으로 익힌 살아 있는 지식인 것이다.

2015년 사과나무숲 꿈의학교는 대성공이었다. 2016년 입학 경쟁률이 3 대 1을 넘었다는 것이 그 증거다. 이 때문에 그들만의 선발 기준이 필요했다. 2016년에 학생 선발 기준으로 삼은 것은 '의지와 자발성'이었다. 이 말을 듣고 대학 입시와 입사 시험도 이랬으면 좋겠다는 생각이 스쳤다.

"서류 심사를 한 다음에 면접을 보았는데, 중점적으로 평가한 부분이 아이의 하고자 하는 의지였어요. 자기 스스로 원해서 오지 않고 엄마가 가라고 해서 왔다고 대답한 아이는 탈락했어요. 잘하는 게 무엇이냐고 물은 다음, 그 자리에서 시켜보기도 했어요. 만약 글쓰기를 잘한다고 하면 그 자리에서 직접 무언가를 써보라고 한 거죠. 느닷없이 시키니까 제대로 못 하는 아이도 있었는데, 그런 아이 중에서도 '다시 한번 해볼게요'라고 의지를 보인 아이는 합격시켰어요.
자기소개서를 검토할 때도 누군가 도와준 흔적이 있으면 우선 탈락 대상이었어요. 좀 엉성해도 스스로 노력해서 쓴 흔적이 있는 서류가 우선 합격 대상이었죠. 떨어진 아이 중에 하고 싶다고 울면서 전화한 아이가 있어서 두 명 더 추가 합격시켰어요. 그래서 2016년 인원이 52명이 된 거예요."

꿈의학교가 더 잘되려면 어떻게 해야 할까? 역시 돌아온 대답은 '학생 스스로 정신'이었다.

"꿈의학교는 운영하는 분들이 어떤 생각을 갖고 실천하느냐가 정말 중요해요. 무엇보다 학생 스스로 정신을 잘 이해해야 합니다. 학부모들이 느긋하게 기다려주는 것도 필요하고요. 실패하더라고 간섭하지 말아야 해요. 나무라지도 말아야 하고요."

정해진 틀 없이 스스로 만드는 경험

이 학교에서 진행하는 수업은 굉장히 다양하지만 방향은 한곳을 향해 있었다. 지구와 인류의 역사다. 수업 과목은 모두 아이들 머리에서 나왔다. 아이들이 어떻게 이런 다양한 아이디어를 냈을까. 이 궁금증은 박물관을 한 바퀴 돌자마자 풀렸다. 아이들은 박물관 곳곳에 전시된 동물 화석과 광물에서 영감을 얻은 게 분명했다.

사과나무숲 꿈의학교는 이제 2년 차다. 경험이 쌓여서인지 학생, 학부모, 강사 모두 꿈의학교가 무엇인지 잘 알고 있었다.

"2015년에 참여했다가 재미있어서 또 왔어요. 돼지 해부할 때 저는 사진을 찍었어요. 올해는 축제 팀이에요. 엄마 아빠 세대의 추억을 되살리는 그런 축제를 만들고 있어요. 정해진 틀이 없다는 것, 그 틀을 우리가 짠다는 것이 일반 학교와 다른 점이에요." _김민지, 중 3

"학교에서 배우던 것들과 다른 것을 배워서 좋아요. 특히 머리가 아니라 몸을 쓴다는 게 정말 마음에 들고요. 역사에 관심이 많아서 올해 또 왔어요. 선사시대를 직접 체험해보면 어떨까 하다가 움집을 짓기로 했어요. 학교에서도 이런 식으로 역사를 공부하면 좋겠어요." _이세인, 고 2

"이곳 샘들은 아이들한테 접근하는 방법부터 달라요. 아이들 말을 경청하고 아이들이 스스로 하게끔 해주는데, 그게 정말 마음에 들어요. 이런 경험, 아마 쉽게 얻을 수 없을 거예요."

_이지연, 사과나무숲 꿈의학교 학부모 회장

"현재 자신들이 원하는 것을 하고 있지만, 중도에 포기하는 아이도 생깁니다. 그럴 경우에는 다른 팀으로 보내기도 합니다. 사실 이게 힘들어요. 실패해도 괜찮다고 기다려주는 일요." _김영진, 강사

이것이 꿈의학교 2년 차 아이들의 관록인가? 아이들은 답변을 미리 준비하고 있었다는 듯 하나같이 말을 잘했다. 생각을 더듬어보니 꿈의학교에서 만난 아이들은 수다쟁이라 할 만큼 대부분 말을 잘했다. 그 이유가 자존감이 높기 때문이라고 분석하는 이가 많았다.
꿈의학교 아이들이 꿈의학교를 경험하지 못한 아이들에 비해 자존감이 높은 건 당연한 일이다. 실패해도 좋으니 한번 해보라고 부추기는 교장과 교사가 있고 함께할 친구가 있으니 말이다. 이런 분위기에서 의기소침해 있다면 그게 더 이상할 것이다.

아이들이 스스로 잘할 때까지 기다려주고, 실패하더라도 간섭하거나 나무라지 말아야 한다는 한국희 교장의 말이 마음 밑바닥에 깊숙이 내려앉는 것을 느낄 수 있었다.

가장 큰 성과는 자신감을 얻었다는 거예요. 학부모들도 대부분 자신감을 큰 성과로 꼽아요. '하기 싫어, 못 하겠어'라고 하던 아이가 '한번 해볼게요, 할 수 있어요'라고 자신 있게 말하는 아이로 바뀐 것이죠.

오산하이리그
꿈의학교

건강한 놀이로 학교 폭력 아웃

'아이들을 모아서 축구만 한바탕했을 뿐인데, 학교 폭력이 사라졌다니 허풍 아닐까?'

이런 궁금증을 안고 오산하이리그 꿈의학교가 '열리는' 오산 정보고등학교로 향했다. 마음 한편엔 한창 팔팔한 고등학생들일 텐데 느려터진 나 때문에 경기에서 지면 어쩌나 하는 걱정도 슬며시 들었다. 그날 나는 특별회원 자격으로 경기 출전이 약속되어 있었다.

꿈의학교가 '열리다'라고 표현한 이유는 이 학교가 특정한 장소에 있는 것이 아니라 축구 경기가 열리는 곳이 곧 '학교'가 되는 구조이기 때문이다. 상인들이 모여 보따리를 펼치는 곳이 곧 시장이 되는 것처럼 말이다.

오산 정보고등학교에 도착한 시간은 오전 9시 즈음. 운동장은 이미 축구의 열기로 가득 달궈져 있었다. 아이들은 진녹색 잔디 위를 적토마처럼 뛰어다녔다. "와~" "파이팅" 하는 응원 소리와 "슛~" "우우" 하며 아쉬워하는 소리가 운동장 곳곳에서 터져 나왔다.

6월의 햇살은 부드러웠다. 축구하기 딱 좋은 볕이었다. 아이들과 함께 운동장에서 뛴다는 상상만으로도 가슴이 두근거렸다. 운동장이 인조잔디라서 살짝 아쉽긴 했지만, 축구 경기를 앞두고 느껴지는 설렘을 가릴 정도는 아니었다.

오산하이리그 꿈의학교는 경기도교육청이 선정한 꿈의학교 가운데 가장 특이한 짜임새를 가지고 있다. 구조만 놓고 보면 학교가 아니라고 말할 수 있을 정도인데, 가장 큰 이유는 가르치는 사람(교사)과 배우는 사람(학생)이 따로 없기 때문이다.

그래도 학교라는 꼬리표가 붙었으니 축구 규칙이나 기본기 정도는 가르치겠지 하고 넘겨짚으면 큰 오산이다. 정말 아무것도 가르치지 않는다. 여러 축구팀이 모여 경기를 하는 리그일 뿐이다. 학교라는 선입견을 가지고서 오산하이리그를 거쳐 축구 선수가 된 아이가 있느냐고 물었다가 김규정 교장에게 편잔만 들었다.

"없어요. 여긴 축구 교실이 아니거든요. 축구 선수가 되고 싶은 아이는 여기 오면 안 됩니다. 여기는 순수 아마추어 리그입니다. 축구 선수는 받아주지도 않아요. 연습해라, 공 잘 차라 이런 말은 아예 하지도 않고, 축구를 못한다고 타박하지도 않아요. 그래도 우승 깃발은 역시 연습 많이 하는 아이들이 가져갑니다."

축구 경기 열리는 곳이 바로 학교

그런데 어째서 학교, 그것도 아이들에게 꿈을 스스로 찾게 하는 것이 중요한 꿈의학교라는 이름을 붙였을까? 이 궁금증은 김 교장과 이야기를 나누면서 저절로 풀렸다.

김 교장의 직업은 축구와는 아무런 관련이 없는 목사다. 게다가 축구를 좋아하지 않는 목사다. 이런 그가 오산하이리그 꿈의학교를 운영하게 된 배경에는 중독이라 의심될 정도로 게임에 빠져 청소년기를 보내던 그의 아들이 있었다.

"청소년 문제도 유행이 있는데, 그때(2008년)는 게임 중독이 학교 폭력만큼이나 심각했어요. 제 아들 녀석이 친구들과 떼를 지어 다니며 거의 기숙하다시피 피시방을 전전했어요. 정말 두고 볼 수 없을 지경이었어요.

어느 날 심하게 나무랐더니 그럼 자기들은 어디 가서 놀아야 하느냐고 묻는 거예요. 가만히 생각해보니 그 말도 일리가 있었어요. 아이들이 스트레스를 풀 장소가 마땅치 않은 게 사실이잖아요. 그래서 무얼 하고 싶냐고 물었죠. 그랬더니 축구 대회를 열어달라고 하더라고요."

이것이 오산하이리그 꿈의학교의 시작이다. 아이들이 건강하게 놀 수 있는 판을 어른인 김 목사가 나서서 깔아주었던 것이다.

"아들 녀석한테 열 팀 정도를 직접 꾸려서 오라고 했어요. 한두 팀 가지고는 리그를 할 수 없으니까요. 그랬더니 진짜 열 팀을 만들어 왔더라고요. 자기들끼리 의논해서 리그 이름도 정하고, 정관도 만들고……그 애들이 하이리그 1기입니다. 지금 직장 다니는 애들도 있고 대학 다니는 애들도 있어요. 몇 명은 여기서 후배들을 위해 자원봉사를 하고 있고요. 물론 아들 녀석은 게임 중독에서 벗어났죠."

이렇게 시작된 오산하이리그의 역사가 벌써 9년 차에 접어들었다. 명성을 얻으면서 참가하는 팀이 늘었고, 거쳐 간 아이들이 많아지면서 자원봉사자도 늘었다. 학부모들의 관심도 높아져 직접 아이 손목을 잡고 오는 이도 생겼다. 그들이 오산하이리그를 매개로 하여 공동체를 이루기도 했다. 그리고 2015년부터 경기도교육청이 진행하는 '꿈의학교'라는 날개를 달게 되면서 공신력도 향상됐다.
학교가 아닌 축구 리그가 꿈의학교에 선정된 이유는 묻지 않아도 알 수 있었다. 꿈의학교가 추구하는 학생 스스로 정신과 한 아이도 포기하지 않겠다는 철학 등을 오산하이리그는 이미 실현하고 있었기 때문이다. 거기에다 마을이 나서서 아이를 키운다는 마을교육공동체 정신과 마을이 키운 아이를 다시 마을의 주체로 세운다는 목표까지 달성했으니, 꿈의학교라는 이름을 붙이지 못할 이유가 없었던 것이다.

잘하기보다 즐겁게 하기

학교 폭력이 사라진 것은 따지고 보면 일종의 덤이었다. 일부러 없애려고 큰 노력을 기울이지 않았는데 저절로 사라졌다는 뜻이다.

"의도한 건 아닌데 아이들끼리 즐겁게 놀다 보니 저절로 사라졌어요. 축구 시합을 하면서 서로 친해지니 싸울 일이 없어진 것 같아요."

김 교장의 분석이다. 하지만 이런 이유만은 아닌 것 같았다. 축구를 '잘하기'보다 '즐겁게 하기'를 강조하는 오산하이리그만의 독특한 분위기가 결정적 역할을 했으리라. 지나친 경쟁이 없으니 축구를 잘하는 아이가 못하는 아이를 타박할 이유도, 못하는 아이가 주눅이 들 이유도 없다.
실제로 축구장에서 아이들은 서로 즐기는 분위기였다. 헛발질했다고 손가락질하는 아이도 없었고 상대편에게 어이없게 공을 빼앗겼다고 타박하는 아이도 없었다. 실수하면 서로 손을 들어 파이팅을 외치거나 괜찮다는 마음이 담긴 가벼운 박수를 보낼 뿐이었다.

아이들은 갑작스레 한 팀이 된 아버지뻘 되는 나와 경기도교육청 꿈의학교 담당인 김경관 장학관에게도 무척 친절했다. 실력이 못 미더워 나에게 공을 넘기지 않으면 어쩌나 걱정했는데, 아이들은 스스럼없이 패스해주었다. 굼뜬 나 때문에 생긴 공격과 수비의 허점을 보완해주기도 했다. 덕분에 우리 팀은 승리의 기쁨을 맛볼 수 있었다.

그렇다고 경기가 설렁설렁 치러지지는 않았다. 공을 향해 달려드는 기세는 프로 선수 못지않게 맹렬했고, 경기가 과열되자 선수끼리 서로 부딪쳐 잠시 으르렁거리는 모습을 보여주기도 했다. 쓰러져 일어나지 못하는 선수도 생겼는데, 이것이 김 교장이 가장 걱정하고 겁내는 일이었다.

나와 한창 이야기를 나누던 김 교장은 한 선수가 쓰러져 일어나지 못하자 갑자기 얼굴이 굳어지며 운동장으로 뛰어갔다. 다행히 큰 부상은 아니었다.

"아이들이 다치면 학부모들 항의 때문에 정말 힘들어요. 한 학부모는 못된 목사가 아이 꼬드겨서 축구를 시키더니 병신 만들어놨다며 유괴범으로 고소하기까지 했어요. 아이 장래에 엄청난 지장을 초래했으니 보상해달라는 거죠. 그리 큰 부상도 아니었는데 말이에요. 판사가 그 학부모한테 지금 아이가 어디 있냐고 묻더니 집에 있다고 하자 픽 웃으며 '이런 거 가지고 고소하는 거 아닙니다'라고 하더라고요."

퇴학 위기 학생도 함께 어울리는 문화

오산하이리그 꿈의학교가 아이들에게 끼친 영향은 이곳을 거쳐 간 이들과 현재 참여하고 있는 아이들에게서 동시에 확인할 수 있었다.

"함께 공을 차고 목욕탕 가고 밥을 먹으면서 친해졌어요. 지금도 그 친구들을 가끔 만납니다. 이곳에서 교우 관계를 넓힌 거죠. 스트레스를 확실하게 풀어서 그런지 집중력도 높아져 공부하는 데도 도움이 됐던 것 같아요. 오산에서 축구 시합을 하는 사람들은 하이리그를 거의 다 알아요. 하나의 문화죠." _서평기, 대학생, 심판 자원봉사, 하이리그 5기

"축구를 할 때는 마음이 좀 편해져요. 집중해야 하니까요. 이곳에서 친구들도 많이 사귀고요. 앞으로도 축구를 더 열심히 할 생각이에요."

_학교 폭력으로 퇴학 위기 겪은 고등학생, 하이리그 9기

"우리끼리 축구 시합을 할 때는 뒤끝이 좋지 않았어요. 경쟁심이 강해 싸우기도 했는데, 하이리그는 달랐어요. 원칙을 정하고 원칙을 지키며 그 원칙에 승복하는 경기를 했거든요. 그러다가 서로 화합하고 하나가 된 거죠." _고등학생, 하이리그 8기

"물품 입·출고 같은 경기에 필요한 사무를 보고 있어요. 아침 7시에

나와야 하는데, 생각보다 어렵지 않아요. 어른들만 하는 줄 알았던 운영위원을 하니 좀 으쓱한 기분도 들고, 친구들과 함께하니까 재미도 있어요." _고등학생, 하이리그 9기 학생 운영위원

취재를 마치고 돌아오는 길. 체육대회만 하면 어깨가 축 처졌던 내 학창 시절이 눈에 어른거렸다. 반 대표로 나가 축구장을 누비는 친구를 부러운 눈으로 바라보기만 했다. '잘하기'보다는 '즐겁게 하기'를 강조하는 학교가 있었다면 내 학창 시절도 행복하지 않았을까 하는 아쉬움이 그림자처럼 따라붙었다.

꿈이룸학교

스스로 정했으니 기꺼이 지키죠

가슴이 두근거릴 정도는 아니었지만 아이들을 만나기 전 많이 긴장한 것이 사실이다. 학교 밖 아이들만 모아놓은 학교라니! 머릿속에 떠오르는 건 반항기 가득한 눈빛과 공격적인 말투였다. 어쩌면 그도 귀찮아하며 입을 꾹 다물지도 모른다. 정말 그런다면 큰 낭패다.

눈부신 5월의 햇살이 있어 그래도 다행이었다. 햇살이 살갗에 닿는 순간 느껴지는 기분 좋은 따가움이 묘하게도 긴장감을 풀어주었다.

환한 미소로 긴장감을 숨기고 교실 문을 열었다. 이렇게 환한 얼굴로 다가서는데 설마 침이야 뱉겠냐는 심정이었다. 스마일 작전이 먹힌 것일까. 몇몇 아이들에게서 '저 사람 도대체 누구야?' 하는 속내가 읽히기도 했지만, 아이들 대부분의 표정이 무척 밝았다. 분명 반기는 얼굴들이었다.

"얘들아 안녕!" 최대한 밝은 목소리로 손을 흔들며 인사하자, "안녕하세요!"라는 천사들의 합창 같은 소리가 메아리처럼 되돌아왔다. 꿈이룸학교 '유자청'(유유자적하는 청소년) 아이들과의 만남은 이렇게 시작됐다.

유자청은 학교 밖 아이들을 위해 주중에 운영하는 꿈의학교다. 여기서는 직업 찾기와 연관된 교육인 '작업장 학교', 인생과 세상을 배우는 '인문학 학교' 등을 운영한다. 여행 프로젝트도 빼놓을 수 없는 학습 프로그램이다.

이 아이들을 만난 곳은 의정부교육지원청의 작은 회의실이다. 유자청은 교육지원청의 회의실을 빌려 쓰고 있다. 꿈이룸학교는 유자청 외에도 많은 교육 프로그램을 운영하는데, 프로그램 대부분이 경기도교육청 구 북부청사에서 이루어진다.

노력, 경험, 실수가 소중한 자산

꿈이룸학교는 장학사, 교사, 학부모 등 여러 사람들의 뜻을 모아 만들었다. 이 학교 설립에 134명이나 힘을 보탰는데, 이렇듯 많은 이가 참여한 만큼 학교 규모도 크고 진행하는 교육 프로그램도 다양하다.

60개의 교육 프로그램에 초·중·고 재학생과 학교 밖 아이들 300여 명이 참여하고 있으니, 꿈의학교치고는 역대급인 셈이다. 2016년에는 학교 밖 아이들을 대상으로 하는 유자청과 함께 방학 기간에 운영하는 '여름 징검다리 학교', 방과 후나 주말에 운영하는 '평화통일 프로젝트' 등도 마련됐다. 마을 주민을 위한 '길잡이 교사, 마을 서포터즈 교육'도 빼놓을 수 없는 중요한 프로그램이다.

이 학교는 경기도교육청이 역점 사업으로 추진하는 꿈의학교의 교과서 같은 학교다. 노력, 경험, 실수를 통해 깨달음과 능력을 얻는 것이 목적이며, 학생 스스로 기획하고 실행할 수 있는 능력을 키워 스스로 꿈을 찾게 한다는 점 때문이다. 지역사회와 함께 아이들을 키워 아이들을 다음 세대 마을의 주체로 세우겠다는 이 학교의 목표는 바로 꿈의학교가 추구하는 마을교육공동체 정신과 맞닿아 있다.

이 학교의 서우철 교장이 현직 장학사라는 점도 특이하다. 학교 안(공교육)에 있을뿐더러 공교육에서의 위치가 공고한 장학사가 무엇 때문에 학교 밖 학교인 꿈의학교 설립과 운영에 발 벗고 나선 것일까?

"제 업무가 혁신교육지구, 마을교육공동체, 문화예술교육인데 꿈이룸학교는 이 업무의 연장선상에 있는 학교입니다. 사실 처음에는 그냥 지원만 하려고 했죠. 그런데 그 속을 들여다보니 끌리는 점이 많았어요. 좀 더 적극적인 도움을 주고 싶어 교장을 맡았습니다.
2016년에는 꿈이룸학교가 혁신교육지구 사업에 등록되어 의정부시로부터 지원을 받게 됐어요. 지방자치단체가 꿈의학교와 결합했다는 데 큰 의미가 있습니다."

© 꿈이룸학교

학교 밖에서 배우는 것들

꿈이룸학교의 학생들이 학교 밖으로 나온 이유도 예사롭지 않다. 학교에 적응하지 못했거나 공부가 하기 싫어서 뛰쳐나왔을 거라고 짐작했다면 섣부른 판단이다.

"일반 학교에서 배우는 것보다 밖으로 나와 다양한 활동을 통해 경험을 쌓으면서 배우는 게 더 많을 거라고 생각했어요. 학교 안에서는 만날 수 없는 다양한 직업을 가진 어른들을 만난 것이 앞으로 살아가는데 큰 도움이 될 것 같아요. 이곳에 오기 전에는 약간 내성적인 성격 때문에 사람들과 친해지는 데 오래 걸리고, 사람들 앞에서 이야기할 때 두려움도 있었어요. 그런데 꿈이룸학교에서 회의를 이끄는 등 여러 활동을 하면서 정말 많이 나아졌어요. 지금은 행복해요."

열여덟 살 예진이가 일반 학교를 그만두고 꿈이룸학교에 온 이유다. 이 말을 들으면서 학교 밖 아이들에 대한 선입견이 무너지기 시작했다. 예진이는 2015년에 '공간팀'이라는 프로그램의 팀장을 맡을 정도로 꿈의학교 활동에 적극적이었다.

공간팀은 청소년을 위한 다양한 공간을 아이들이 스스로 기획해서 만드는 프로그램이다. 그동안 청소년을 위한 카페, 노래방, 공부방, 조리실 등을 만들었다. 예진이는 공간팀 활동에서 얻은 것이 참 많았다.

"우리에게 정말 필요한 공간을 만들기 위해 많은 곳을 탐방했어요. 웬 만한 것은 우리가 직접 만들었고요. 벽화를 그리기도 했고, 가구를 직접 만들기도 했어요. 어떤 문제가 발생하면 대화로 소통하면서 그 문제를 해결했고요. 말로 다 표현하기는 좀 어렵지만, 우리가 스스로 모든 것을 해나가다 보니 배우는 게 참 많았어요."

들고 보니 예진이가 얻은 것은 추억과 삶의 지혜, 그리고 살아가는 데 꼭 필요한 소소한 삶의 기술이었다. 이 모든 게 죽이 되든 밥이 되든 알아서 한번 해보라는 식으로 아이들에게 모든 것은 맡겼기에 가능한 일이었다.

열여섯 살 동현이도 예진이 못지않게 꿈이룸학교에서 얻은 게 많았다. 그중 친구를 얻은 것이 가장 큰 소득이다. 꿈이룸학교에 오기 전 동현이는 사람 만나는 게 싫어서 모임에도 나가지 않는 외톨이였다. 그 성격이 지금도 180도로 변한 건 아니지만, 예전보다 훨씬 나아져 스스럼없이 우스갯소리를 할 정도로 친구들과 잘 어울리는 편이다.

"친구들이 먼저 다가와줘서 친해진 것 같아요. 이곳 친구들은 정말 친절해요. 또 힘을 합해 무언가를 하다 보니 자연스럽게 친해지더라고요. 함께 축제를 기획하는 과정에서 몸을 쓰면서 땀 흘리며 일할 때 정말 좋았어요.

동현이가 말한 축제는 아이들이 스스로 기획해서 만든 '온 마을 잔치'였다. 동현이는 이 축제를 비롯해 크고 작은 여러 축제에 진행 요원으로 참여했다. 온 마을 잔치는 꿈이룸학교가 2015년 10월경에 주민들과 함께 진행한 마을 잔치다.

스스로 기획하고 실천하는 아이들

꿈이룸학교의 프로그램은 대부분 아이들이 직접 기획하고 운영한다. 그렇다면 교사들은 이 학교에서 어떤 존재일까? 유자청 길잡이인 유찬영, 윤이희나 선생에게 직접 들었다.

"글자 그대로 길잡이 역할만 하고 있어요. 아이들과 함께 고민하고 함께 방법을 찾기는 하지만 우리가 나서서 하지는 않아요. 혹여 실수를 하더라도 그 해결까지도 오롯이 아이들 몫이라는 방침이 있기 때문에 스스로 해결 방법을 찾을 때까지 개입하지 않아요. 스스로 해결할 때까지 기다려주는 게 교사의 역할이에요." _유찬영

유찬영 선생은 프리랜서 인문학 강사로 활동하다가 2015년에 이 학교와 인연을 맺었다. 윤이희나 선생은 대안학교 교사 출신으로 교육 잡지를 만들다가 2016년부터 인연을 맺었다. 이들과 이야기하면서 학교

밖 아이들에 대한 선입견이 완전히 깨졌다.

"교육 현장에 있다 보면 학교 밖 청소년들의 스펙트럼이 나날이 다양해진다는 것을 알 수 있어요. 일반 학교가 몸에 맞지 않아서 온 부적응 아이도 있지만, 학교에서 배울 게 없다고 스스로 판단해서 온 아이라든가 학교를 넘어 배움을 확장하기 위해 온 아이도 적지 않아요."

_윤이희나

"꿈이룸학교에는 포용하는 분위기가 있어요. 누군가 실수했을 때 너는 못하니까 하지 말라고 하기보다는 다음에는 더 잘할 수 있을 거라고 다독여줘요. 그래서인지 다른 곳에서 거칠게 행동하던 아이도 이곳에 오면 신기하게 온순해져요.
스스로 정신도 참 중요한데, 2015년에 '쉼표 학교 캠프'를 아이들과 함께 진행하면서 꿈이룸학교의 스스로 교육이 얼마나 유익한지 확인할 수 있었어요. 아이들에게 쉼을 주면 잠을 자거나 그냥 침대에서 뒹굴뒹굴할 줄 알았는데, 아니더군요. 요리를 하거나 영화를 보면서 쉼을 즐겼어요. 정말 놀랍게도 공부를 한 아이도 있고요. 스스로 할 수 있는 분위기에서 아이들이 더 성장할 수 있다는 걸 깨우쳤습니다." _유찬영

아이들이 친절한 이유는 이것 말고도 여러 가지가 있었다. 그중 처음 보는 사람에게 먼저 말을 걸고, 화합할 수 있는 무엇인가를 만들어내

야 한다는 유자청만의 독특한 규칙이 눈에 확 띄었다. 이 규칙 또한 아이들 스스로 만들었다. 스스로 만들었으니 기꺼이 지키는 것이다. 학교를 그만둔 아이, 어떻게 해야 할까 고민된다면 유자청이 큰 도움이 될 것이다.

아룸 앙상블
꿈의학교

아름다운 별들의 합창

"학교 또는 가정을 이탈했거나 기존의 학교 교육에 적응하지 못한 아이들에게 예술 활동을 시켜 건강한 자아를 갖게 해 사회에서 필요로 하는 인격체로 성장하도록 유도한다."

이것이 아름 앙상블 꿈의학교의 목표다. '방황하는 별들'을 음악으로 교화한다는 말인데, 그렇게 된다면야 더할 나위 없이 좋겠지만 과연 가능할까? 이런 궁금증을 안고 '아름 앙상블 깜짝 콘서트'가 열린 경기도교육청 북부청사 김대중 홀을 찾았다.

"간절히 바라고 원했던 이 순간 나만의 꿈이…… 날 묶어왔던 사슬을 벗어던진다……"

익숙한 음악이 내 귀를 사로잡았다. 뮤지컬 〈지킬 앤 하이드〉의 삽입곡으로 유명한 〈지금 이 순간〉. "나만의 꿈이…… 사슬을 벗어던진다"는 가사가 '방황하는 별'과 참 잘 어울린다는 생각이 들었다. 단정한 차림의 한 남학생이 열창하는데 그 표정과 몸짓에서 간절함이 넘쳐흘러 그대로 빨려들 것만 같았다.

그런데 노래가 클라이맥스로 치달을 때 갑자기 반주가 뚝 끊겼다. 공연 사고다. 남학생이 김빠진 표정으로 서 있자 객석에서 격려의 박수가 쏟아졌다. 잠시 뒤 다시 반주가 흐르자 이 남학생, 언제 그런 표정을 지었느냐는 듯 다시 열정적인 모습으로 돌아가 노래를 마무리했다.

단 한 명의 아이도 포기하지 않아

콘서트는 이렇게 초가을 정오를 수놓았다. 독창에 이어 합창, 그다음엔 타악기 연주를 들려주었다. 점심시간인 12시 20분부터 40분까지 10여 명의 학생과 교사들이 선보인 소나기 같은 게릴라 콘서트였다. 콘서트가 진행되는 내내 아이들 모습을 눈여겨보았지만, 비행 청소년이란 흔적은 찾을 수 없었다. 표정은 밝았고 옷매무새도 단정했다. 모범생이라는 느낌이 들 정도였다.

아이들 모습이 상상했던 것과 너무 달라 확인해보니, 모두 일반 학교교육에 잘 적응하고 있는 학생들이었다. 도대체 어떻게 된 일일까? 박재호 교장에게 물었다.

"기존 학교 교육에서 이탈한 아이들과 함께하려고 시도를 해봤는데…… 실패했어요. 도저히 통제할 수가 없었고, 그러다 보니 함께 음악을 할 환경을 만들 수 없었어요. 수업 도중에 담배 피우러 들락날락하고, 수업 기간 중에 폭력 사건을 일으키고 나서 붙잡힐까 봐 두려워 잠적한 아이도 있었고요. 그래서 어쩔 수 없이 이렇게…… 오늘 공연한 아이들은 모두 의정부에 사는 중고생들입니다."

이런 이유로 아름 앙상블은 '방황하는 아이들을 음악으로 교화한다'는 애초 계획을 수정할 수밖에 없었다. 현재는 의정부 중고생 12명과 여주에 사는 지적장애아 11명으로 운영하고 있다. 그러나 그 목표를 포기한 것은 아니다. 최종 목표는 여전히 '방황하는 별'이다.
그렇다면 특별한 대책이 있어야 할 텐데 박 교장은 어떤 계획을 세우고 있는 것일까?

"꿈의학교 철학 중 하나가 '학생 스스로 정신'이지만, 이걸 잠시 접고 이 친구들의 특수성을 인정해 약간의 강제성을 동원하면 됩니다. 이런 친구들을 모으려면 어쩔 수 없이 법원의 도움을 받아야 하거든요. 법원에서 강제로 음악교육을 이수하게 하면 돼요. 이렇게 해서라도 잡아둘 수 있다면 자신 있어요. 이 친구들의 진정한 자유를 위해서 잠시만 강제로 잡아두자는 말이죠. 저는 포기하지 않고 계속 시도할 겁니다. 음악으로 자존감을 높일 수 있고, 그러면 아이들은 분명 변할 테니까요."

박 교장은 음악의 치유 효과를 확신했다.

"과학적으로 증명된 일인데, 북을 계속 두드리다 보면 심신에 안정이 찾아옵니다. 또 약간의 비장한 각오와 함께 용기도 생기고요. 이런 경험을 반복하다 보면 '나는 누구인가, 어디서 왔나'를 고민하게 되죠. 자신을 돌아볼 여유를 갖게 되는 겁니다. 그래서 저는 아이들에게 타악기를 많이 권합니다.

또 자신감이 중요해요. 자신감을 잃으면 건강한 인격체로 성장하기 힘들어요. 아이들이 일탈하거나 범죄를 일으키는 가장 큰 이유가 자기는 내세울 게 아무것도 없다고 생각하기 때문이에요. 그러니까 물리적인 힘으로 자신을 과시하는 거죠. 음악을 열심히 하면 일탈 행위를 할 이유도, 힘을 과시할 이유도 없어집니다. 음악으로 대신 보여줄 수 있으니까요."

박 교장은 '단 한 명의 아이도 포기하지 않겠다'는 꿈의학교 철학에 큰 감화를 받아 아룸 앙상블을 설립했다. 음악으로 '방황하는 별'을 치유하고 나아가 청소년 범죄를 예방할 수 있는 해결책까지 제시하겠다는 야심 찬 계획을 세웠다. 그럴 자신도 있었다. 음악으로 할 수 있는 가장 가치 있는 일이 청소년 교육이라는 신념도 있었다. 박 교장은 어떤 이유로 방황하는 아이들에게 큰 관심을 갖게 된 것일까?

음악으로 채우는 아이들의 자존감

"제가 참 뜨거운 성장기를 보냈어요. 초등학교 6학년 때 가출해 신문 보급소에서 지냈고, 중학교 때 친구들과 몰려다니며 슈퍼마켓이나 백화점을 털기도 했습니다. 물론 담배도 피웠고요. 고등학교 때 록 밴드를 하면서 잠시 마음을 잡았는데, 콘서트를 하다가 아버지한테 발각돼서 테니스 라켓으로 두들겨 맞고는 밴드를 접게 되었어요. 그 뒤로 친구들과 몰려다니며 싸움질만 하면서 보냈죠.

저는 그 혼란스런 시기를 음악으로 이겨냈어요. 그 당시 제가 음대에 합격한 것이 학교에서 10대 불가사의로 꼽힐 만큼 화제였어요. 음악이 제 인생을 바꾼 거죠. 저의 진짜 꿈은 범죄 예방 등을 위해 빈민층 아이들에게 무상으로 음악을 가르치는 베네수엘라 사회 변혁 프로그램 '엘시스테마El Sistema'를 한국에서 구현하는 것입니다."

박 교장은 백제예술대학 강사, 서울 메트로폴리탄 필하모니 오케스트라 지정 아티스트를 역임했다. 또한 12년간 국립국악관현악단 단원으로 활동한 음악가다.

아룸 앙상블 꿈의학교에서 박 교장과 함께 아이들을 지도하는 교사는 모두 7명이다. 이들이 성악, 뮤지컬, 타악기 등 다양한 분야를 아이들에게 가르친다.

이 중에는 연극배우 출신 판사도 있다. 바쁘기로 둘째가라면 서러운 현직 판사가 어째서 아이들 연극까지 지도하는 것일까? 김용희 판사 (광주지방법원 순천지원)는 그 이유를 이렇게 밝혔다.

"올바른 인격 형성과 정서 발달에 연극만큼 좋은 게 없다고 봅니다. 아이들이 꿈을 찾고 이루어나가는 데 제 경험이 도움이 되기를 바라는 마음으로 아룸 앙상블에 참여했어요. 연극이 그립기도 하고, 가르치는 일이 즐겁고 보람 있을 것 같았어요."

꿈을 찾아가는 아이들

음악의 효과, 그리고 꿈의학교의 효과는 방황하는 별이 아닌 지극히 평범한 아이들에게서도 나타났다. 공연을 마친 아이들의 표정은 무척 밝았다. 느닷없이 묻는 질문에도 빼거나 머뭇거리는 기색 없이 시원하게 대답했다. 이 학교에 와서 꿈을 찾은 아이도 있었고 음악을 좋은 취미로 삼게 된 아이도 있었다.

"가수가 되려는 꿈을 갖고 있었는데 이곳에 와서 그 꿈을 확신하게 됐어요. 샘들이 발성부터 다시 가르쳐주고 계속 칭찬해주니 힘이 나요."

_박지연, 고 1

"제 꿈이 음악은 아니지만, 재미있어서 그런지 음악에 대한 관심이 더 높아졌어요. 좋은 취미가 될 것 같아요." _박수민, 중 3

"북을 치면 마음이 편해져서 좋아요. 악보를 보는 실력도 늘었고, 음악이 점점 더 좋아지는 것 같아요." _김예영, 중 2

"음악을 하면 스트레스가 한 방에 해결돼요." _전수빈, 중 2

박 교장은 아이들의 자신감 있는 모습을 가장 큰 성과로 꼽았다. 이러한 자신감의 바탕에 스스로 결정하고 열심히 노력해서 해냈다는 성취감이 있을 것이라고 분석했다.
박 교장이 꿈의학교를 운영하면서 어려운 점은 다름 아닌 일반 학교와의 소통 문제였다.

"학교 측과 소통이 잘 안 됩니다. 공연을 하려면 아이들이 수업을 빠져야 하는데, 학교는 공문 없이는 안 된다고 하고, 교육청은 아이들이 자체적으로 체험학습 신청을 하면 된다며 공문이 필요없다는 식이죠. 그래서 오늘도 아이들을 정말 힘들게 데려왔어요. 이런 일 때문에 제가 불편한 건 감수할 수 있지만 학생들이 상처받을까 봐 걱정이에요."

솔직히 고백하자면, 아름 앙상블 꿈의학교 학생들이 '방황하는 별'이 아니라는 사실을 확인하고서 조금 실망했다. 이른바 문제아들이 멋진 교사를 만나 변해가는 모습을 그린 〈언제나 마음은 태양To sir, with love〉이 라는 영화의 한 장면을 상상하며 그들을 만났기 때문이다.

그러나 한때 '방황하는 별'이었던 박 교장의 뚝심과 아이들에 대한 애 정, 그리고 자신감 넘치는 모습으로 활짝 웃는 아이들을 만나면서 실망 스러운 마음이 싹 가셨다. 방황하는 아이들에게 음악으로 용기를 주고 꿈을 찾게 하겠다는 아름 앙상블 꿈의학교의 도전과 노력에 박수를 보 낼 따름이다.

2장

꿈을 깨야
꿈을 꿀 수 있어

'피어라! 꿈,
날아라! 청소년'
남양주 영화 제작
꿈의학교

꿈? 못 찾아도 괜찮아

'피어라! 꿈, 날아라! 청소년' 남양주 영화 제작 꿈의학교는 시작부터 남달랐다. 2박 3일간 캠프를 열어 합숙을 하면서 일단 한번 영화를 만들어본 뒤 출발한다. 이렇게 급하게 출발하는 이유는 영화를 어떻게 만드는지 맛보기가 필요해서다.

그러나 맛보기라고 해서 그럭저럭 대충 만들지는 않는다. 8개의 모둠으로 나뉘어 시나리오를 쓴 뒤 일사천리로 촬영까지 마친다. 영화 1편을 뚝딱 완성하는 것이다.

캠프를 마친 뒤 한 달여 만에 만나 다시 9개의 모둠으로 나눈다. 시나리오를 쓰고 감독, 카메라, 배우 등 각자 역할을 정해 촬영을 시작한다. 학생은 총 64명인데 이 아이들이 졸업할 때까지 약 7개월 동안 총 10

여 편의 영화를 만든다. 작품을 마친 뒤에는 마을 잔치 형식으로 제작 발표회도 연다.

1편도 어려운 영화를 10편씩이나 만들 수 있었던 것은 이름만 들어도 알 만한 영화 전문가들이 이 학교에 적극적으로 참여하고 있어서다.

이 학교는 전문 영화인들이 설립했다. 영화진흥위원회 영화정책 연구 원장, 남양주종합촬영소 소장 등을 역임한 이덕행 전 남양주 YMCA 이사장이 교장을 맡았다. 이 교장은 영화 〈꽃잎〉(감독 장선우, 배우 이정현) 등을 기획한 전문 기획자이기도 하다. 이건우 영화감독과 김동철 남양주종합촬영소 대리는 학부모, 학생 등과 함께 운영위원으로 활동하고 있다. 또한 독립영화를 만드는 송하영 감독과 한국예술종합학교 영화과를 졸업한 이준하 씨 등이 강사로 활동하는데, 대부분 남양주 출신이다.

남양주 영화 제작 꿈의학교는 취재하기가 힘든 학교였다. 교정이 따로 있는 것도 아니고 학교 구성원들이 특정한 장소에 모여 있는 것도 아니어서 학생이나 교사를 만나기가 쉽지 않았다. 영화 촬영이 여러 곳에서 동시다발적으로 이루어지고 있었는데, 그곳이 모두 꿈의학교인 셈이었다. '배움이 이루어지는 모든 곳이 학교'라는 것이 꿈의학교의 기본 방침이기 때문이다.

남양주 영화 제작 꿈의학교를 총 두 번 방문했다. 첫 방문 때는 이덕행 교장을 남양주종합촬영소에서 만나 이 학교의 설립 배경과 목적, 과정 등에 대해 들었다. 두 번째는 아이들이 좌충우돌하고 있는 촬영 현장을 찾아갔다.

이덕행 교장이 왜 종합촬영소에서 만나자고 했는지 그곳에 발을 들여놓는 순간 알 수 있었다. 다름 아닌 남양주 영화 제작 꿈의학교의 설립배경과 설립이 가능했던 까닭을 보여주려는 의도였던 것이다. 더불어 가을 산과 어우러진 촬영장의 멋진 풍경을 감상하게 하고픈 배려도 있는 듯했다.

학교 밖 아이들의 남다른 창의력

남양주종합촬영소는 우리나라 영화의 메카 같은 곳이다. 영화에서 본 판문점 세트와 모형 전차, 대형 돛단배 같은 것이 곳곳에 전시돼 있었다. 실제로 영화를 찍는 모습도 심심찮게 눈에 띄었다.

조선시대 저잣거리 세트장은 볼거리가 많아 무척 흥미진진했다. 저잣거리가 나오는 대부분의 영화나 드라마를 이 세트장에서 촬영한다고 이 교장이 귀띔해주었다. 나중에 드라마에서 저잣거리가 나올 때마다 유심히 지켜봤는데, 정말로 대부분 이곳 세트장이었다.

"마을의 좋은 시설과 전문 인력을 활용해보자는 취지로 꿈의학교를 만들었으니, 따지고 보면 이곳 종합촬영소가 동기를 제공한 셈이죠. 카메라를 비롯한 장비 일체와 세트장, 녹음실 등을 빌려주기로 했기 때

문에 실제로 학교를 설립할 수 있었고요. 이곳이 국내 최대 규모의 영화 촬영소입니다. 6개의 촬영 스튜디오와 전통 한옥, 저잣거리 등의 오픈 세트를 보유하고 있어요."

학교 기반이 이처럼 탄탄하다 보니 총 56명을 모집하는데 90여 명이 몰렸다. 어쩔 수 없이 면접시험을 거쳐 입학생을 뽑았는데, 영화에 대한 꿈이나 열정 같은 일반적인 내용이 우선 선발의 기준이 아니었다.

"영화배우나 감독이 되려는 꿈을 가지고 있는 아이보다, 뭘 해야 할지 아직 결정하지 못한 아이를 먼저 뽑았습니다. 또 왕따 등의 이유로 학교를 포기했거나 학교가 도저히 적성에 맞지 않아서 거부한 아이도 특별 선출했고요. 이 아이들 정말 잘합니다. 독특한 시각을 가지고 있고 창의력도 남다릅니다. 평범하게 학교 다니는 아이들과 섞어놓으니까 그 독특함이 더 빛나더군요."

막연한 꿈을 깨는 것도 중요한 목표

학교 밖 아이나 꿈을 찾지 못한 아이를 우선 선발한 이유에 대해서는 묻지 않았다. '단 한 명의 아이도 포기하지 않는다'는 꿈의학교의 기본 정신을 철저히 지키기 위해서라는 걸 묻지 않아도 알 수 있어서다. 최종 선발 인원은 모집 예정보다 많은 64명이 되었다.

이 학교의 특징은 학생들만큼이나 학부모들에게도 많은 정성을 기울였다는 것이다. 입학할 즈음 학부모 동의서를 받아오게 했고 학부모 설명회도 따로 열었다. 오리엔테이션도 학부모와 함께했는데, 학부모를 방해자가 아닌 조력자로 이끌기 위함이다. 그래서인지 학부모 지원단이라는 모임이 있을 정도로 학부모들의 참여가 꽤 적극적이다. 학부모 지원단은 현재 영화 스태프는 물론 배우로도 참여하고 있다.

이 교장의 목표는 아이들에게 영화에 대한 꿈을 심어주는 것만이 아니다. 영화에 대한 막연한 환상을 깨고 아이들이 자신의 꿈을 좀 더 구체화할 수 있도록 돕는 것이 더 중요한 목표다. 거기에 공동체 의식을 심어주겠다는 의지도 깔려 있다.

"영화를 만들면서 영화는 '노가다'(막일)라는 사실을 알게 될 겁니다. 그 순간 영화에 대한 환상이 깨질 테고, 자신이 하고 싶은 게 진정 무엇인지 구체적으로 생각하게 되죠. 또 절대 혼자만 잘해서는 영화를 만들 수 없다는 사실도 알게 될 테고요. 자연히 공동체 의식이 길러집니다. 상상력이 왜 필요한지도 알게 될 것이고…… 그러면서 자기 적성도 발견하게 되겠죠. 이게 꿈의학교가 필요한 이유입니다."

영화배우나 영화감독, 어린 시절 누구나 한 번쯤 꿈꿔보는 직업이다. 하지만 쉽게 그 길에 발을 들이지 못하는 이유는 '정말로 나한테 소질이 있을까?' '유명해지지 않으면 배가 고프다는데 괜찮을까?' 따위의 고민 때문일 것이다. 그런데 영화계에서 잔뼈가 굵은 이 교장이 이 문제에 대해 시원한 답을 내놓았다.

"진정 즐긴다면 못할 게 없어요. 아무리 열심히 해도 즐기는 사람만큼은 잘할 수 없다는 말도 있잖아요. 직업이 곧 돈? 이건 잘못된 생각입니다. 좋아하는 일을 하려면 두려움 없이 도전할 용기가 필요하지요. 그래야 영혼이 자유로워지고 상상력도 나옵니다. 다만 선택할 때까지는 충분한 정보를 입수해야 합니다. 그러니 우리 꿈의학교가 충분한 정보를 제공하여 학생들이 스스로 느끼고 판단하도록 도움을 줘야 하겠죠."

두려움 없이 도전하는 용기

이 교장을 만나고 이틀 뒤, 9개 모둠 중 하나인 '업소용 콜라팀'의 촬영 현장을 찾았다. 장소는 남양주 수동중학교다. 교실 안에서 촬영이 이루어지고 있었는데, 진지한 분위기에 눌려 인터뷰하자는 말조차 꺼내지 못하고 촬영이 끝날 때까지 기다려야 했다. 다행히 교실 안 장면 촬영은 20여 분 만에 끝났다.

다음 장면은 복도에서 찍었는데 이때도 말 붙이기가 쉽지 않았다. 역시 그 진지함이 만만치 않아서였다. 아이들은 1분도 안 되는 짧은 장면을 찍고 또 찍었다. 5시간째 이런 식으로 몇 장면을 찍었다고 한다. 학부모 몇몇은 호기심 어린 눈으로 그 광경을 지켜보고 있고, 한 학부모는 즉석에서 담임 선생님 역을 맡아 아이들과 함께 진을 빼고 있었다. 같은 장면을 9번 찍을 때쯤 용기를 내어 인터뷰 좀 하자고 말을 걸었다. 아이들 몇몇이 좋다고 하며 무슨 말인가 하려던 차에, 누군가 한 번 더 가자고 하자 언제 그랬냐는 듯 다시 촬영에 돌입했다. 결국 그날 인터뷰는 촬영을 마무리한 다음에야 할 수 있었다.

"힘들지만 무척 재미있어요."

감독을 맡은 김무늬(중 1) 학생과 카메라를 잡은 전예진(중 3) 학생이 누가 먼저랄 것도 없이 동시에 한 말이다. 두 학생은 영화감독이 꿈이다. 애니메이션고등학교 영화연출과에 가려는 구체적인 목표까지 세우고 있었다.

"아직 꿈이 없거든요. 혹시 이곳에서 꿈을 찾을 수 있을까 해서 와봤어요. 아직 찾지는 못했지만 영화 만드는 일도 재미있을 것 같아요."

이민지(중 3) 학생이 이 말을 하고는 배시시 웃었다. 민지는 영화 제작 꿈의학교 학생이 아니다. 카메라를 잡고 있는 친구 예진이에게 캐스팅

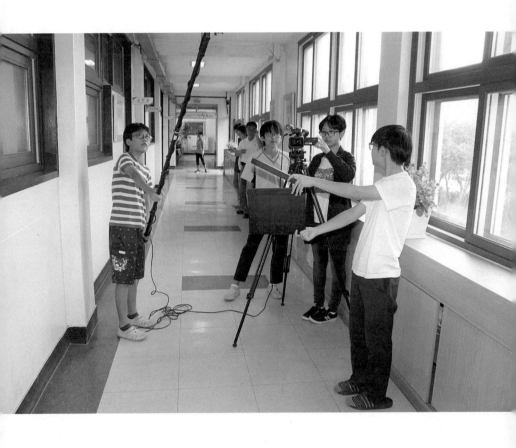

되어 배우로 깜짝 데뷔했다. 민지는 이날 학생 역을 맡았다. 교사 역을 맡은 학부모 최정선 씨와 함께 같은 장면을 10번 이상 찍으면서도 얼굴 한 번 찌푸리지 않는 참을성을 보여줬다.

민지와 함께 엄청난 인내심을 보여준 최정선 씨는 사회복지사다. 그에게 영화에 출연한 소감을 묻자 떨리지만 무척 재미있다는 답이 돌아왔다. 내친김에 이참에 직업을 바꾸면 어떻겠냐고 농을 던지자 지금 하고 있는 일이 좋다며 손사래를 쳤다.

취재를 마치고 돌아서는데 어디선가 "저희도 인터뷰해주세요!"라는 발랄한 외침이 들렸다.

"네"와 "미쳤어요" 이렇게 단 두 마디 대사만으로 5시간을 버티는 신공을 보여준 이유빈(중 3) 학생과 "네"라는 한 마디와 수군거리는 장면만 찍고 역시 5시간을 견딘 유지원(중 3) 학생이었다.

"그동안 영화 제작 꿈의학교가 있는 줄 몰랐어요. 내년에는 저도 꼭 참여하고 싶어요."

이 말이 하고 싶어 촬영이 끝났는데도 집에 돌아가지 않고 나를 기다린 것이다. 이 둘도 꿈의학교 학생이 아니지만 예진이에게 갑작스레 캐스팅되어 배우로 참여하게 됐다.

학생들이 만드는 영화 장르는 스릴러이며, 전하려는 메시지는 '꿈'이다. 시험에서 꼴찌를 하면 다른 학교로 강제 전학을 해야 하는 숨 막히는 학교가 배경이다. 꼴찌를 한 여학생의 저주가 이야기의 뼈대를 이루고 있다. 시나리오 작성부터 촬영까지 학생들이 직접 다 한다. 강사는 방법만 알려줄 뿐이다.

감독은 중 1, 카메라 감독은 중 3, 배우는 카메라 감독의 친구, 그리고 촬영 구경하러 왔다가 얼떨결에 배역을 맡은 사회복지사이다. 이 영화가 과연 잘 진행될지 반신반의할 법한 구성원들이다. 하지만 영화 제작은 아주 잘되고 있었다. 학생과 강사, 그리고 학부모까지 즐거워하는 모습을 보니 잘되고 있는 것이 틀림없었다. 흥행이 먼저가 아니라 즐겁게 만드는 것 자체가 목적이고, 그 과정에서 아이들이 꿈을 찾는 것이 최종 목표이기 때문이다.

그렇다고 꿈을 꼭 찾아야 한다고 강요하지는 않는다. 못 찾아도 괜찮다. 꿈의학교는 아이들이 자신의 인생을 돌아볼 수 있도록 충분히 기다려주기 때문이다.

청소년 공연 전문가
꿈의학교

인생이라는 무대에 주인공으로

'우리 마을에도 이런 좋은 공간이 있으면 얼마나 좋을까?'

청소년 공연 전문가 꿈의학교의 문을 나설 때 조그만 아쉬움이 내 구두 뒤축에 따라붙었다.

건물 입구에는 '청석에듀씨어터'라는 이름이 붙어 있었다. 청소년 공연 전문가 꿈의학교 수업이 이루어지는 곳이다. 이 예쁜 건물 한 채가 오롯이 연극과 뮤지컬만을 위한 공간으로 활용되고 있었다.

건물 앞쪽은 탁 트여 있어 시원했고 뒤편에는 아직은 푸른 산이 있어 포근했다. 고적한 정취도 풍겼는데, 가을이 깊어 산이 붉은 옷으로 갈아입으면 그 정취가 한결 더할 것 같았다.

마음껏 노래하고 춤출 수 있는 무대와 배우들이 편히 쉴 수 있는 공간이 마련돼 있었고, 커피 향 가득한 카페도 있었다. 이곳에서 70여 명의 광주시 관내 중고생들이 연극배우, 뮤지컬 배우가 되기 위해 땀을 흘리고 있었다.

왕성하게 작품 활동을 하고 있는 현역 배우 20여 명이 아이들을 직접 지도한다. 연기는 물론 극작, 조명, 의상, 음향까지 실제 체험을 하면서 배운다는 것이 특징이다. 청소년 공연 전문가 꿈의학교는 체험식 교육을 하기 위한 교육 자재를 완벽하게 갖추고 있다.

그렇다고 손에 쥐여주는 식의 교육을 하는 건 아니다. 철저하게 '스스로 학습법' 지도를 하고 있다. 아이들 스스로 기획하고 연출하며 시나리오를 쓰고 조명과 음악까지 담당한다. 그뿐만 아니라 재봉질을 해서 무대 의상을 직접 만들기도 한다. 강사는 그저 충실한 조언자일 뿐이다.

경기도 광주에 사는 중고생이면 누구나 이 학교에 들어올 수 있다. 오디션도 보지 않고 지원만 하면 누구나 받아준다. 하지만 배움이 만만치 않다. 교육은 물론 공연까지 아마추어가 아닌 프로처럼 하기 때문이다. 학교 이름에 '전문가'란 단어가 붙은 이유다.

이곳은 그야말로 빡빡한 프로그램을 운영한다. 입학하자마자 산악 구보와 다리 찢기를 한다. 배우가 되어 무대에 서기 위한 튼튼한 몸을 만들기 위해서다. 이 과정을 못 견디고 나가는 아이도 있고, 왜 운동만 시키느냐고 항의하는 부모도 있다.

환한 웃음, 스스로 알아서 척척

"이 과정을 무사히 소화한 아이들한테서는 변화가 느껴져요. 우선 '싫어요' '못 해요' '안 해요'란 말이 사라져요. 청소나 정리 정돈도 알아서 척척 하고요. 물론 눈빛도 초롱초롱해져요. 어떤 부모님들은 학교에 와서 아이의 모습을 보고는 우리 아이가 이렇게 환하게 웃는 줄 몰랐다고 하기도 하고, 공연하는 모습을 보고 눈이 빨개지기도 해요. 그럴 때 참 뿌듯하죠."

청소년 공연 전문가 꿈의학교의 이기복, 우은희 씨 부부가 누가 먼저랄 것도 없이 한 말이다. 둘 다 전직 교사로 이기복 교장은 고등학교에서 윤리를, 우은희 씨는 중학교에서 음악을 가르쳤다. 이 부부는 몇 년 전 정년도 되기 전에 과감하게 학교 밖으로 나왔다. 지난 2012년 살고 있던 집과 퇴직금 등을 합치고 은행 대출까지 받아서 이 공간을 마련했다. 이 부부가 전 재산을 털어 청석에듀씨어터를 설립한 이유는 무엇일까?

"연극으로 행복한 마을을 만드는 게 목표인데, 먼저 아이들을 교육하는 것이 가장 효과적인 방법이라고 생각했습니다. 아이들은 금세 커서 어른이 될 테니까요. 그러려면 아이들이 맘껏 뛰어놀 수 있는 예술 공간이 필요한데, 허접스러운 공간은 싫었어요. 제대로 된 공간에서 최

고의 강사진을 꾸려 수준 높은 교육으로 아이들을 최고로 만들고 싶었
어요."

그런데 학교 안에서는 이 일을 추진할 수 없었을까?

"물론 학교 안에서도 오랜 기간 했어요. 생활지도 차원에서 툭하면 가
출하는 아이들을 데리고 해봤죠. 연극 제목이 〈방황하는 별〉이었습니
다. 그러다가 연극반도 만들었고, 내친김에 대학원에 진학해서 연극
연출을 공부하기도 했어요.
나름 큰 성과가 있었는데도 언제부턴가 학교가 입시 위주로 바뀌었
고, 그러다 보니 학교에서 연극하는 것을 탐탁지 않게 여기더군요. 그
런 풍토에서는 마음껏 연극 교육을 할 수가 없어 학교 밖으로 과감히
나온 거죠. 저는 고등학교 연극반에서 연극을 시작했어요. 대학에서는
극회 활동을 했고요."

옆에서 듣고 있던 우은희 씨가 전 재산을 쏟아부어 '청석에듀씨어터'라
는 공간을 마련한 이유를 설명했다.

"남편이 연극으로 이끈 제자들 때문이기도 해요. 그 아이들이 연극을
접하면서 대학에도 가고 성인도 될 텐데 그 이후를 생각하지 않을 수
없었어요. 본인이 인도했으니 그 아이들이 다시 마을로 돌아와 활동할

공간을 만들 필요가 있었던 거죠."

"나도 할 수 있어" 박수 받는 경험

이기복 교장은 연극이 아이들, 특히 학교 폭력 등으로 상처받은 아이들과 의욕이 없어 무기력한 아이들에게 큰 도움이 된다고 강조했다. 그리고 그 이유가 '무대 효과' 때문이라고 설명했다.

"자기가 쓸모없다고 느껴질 때가 가장 위험합니다. 이런 아이들한테는 어떤 역할을 주어야 해요. 자기가 무언가 중요한 역할을 하고 있고 남들이 그걸 인정해준다고 느끼는 순간, 삶이 바뀝니다. 연극은 반드시 무대에 올라야 하는 예술이에요. 무대에 오르면 누군가 박수를 치고 칭찬도 해줍니다. 그때 학생들은 자기가 무언가 위대한 일을 했다고 느끼면서 바뀌게 됩니다."

그렇다고 해서 아이들의 삶이 단번에 바뀌지는 않을 것이다. 이기복 교장은 시간의 힘과 인내를 강조했다.

"연극 활동을 한다고 해서 가출한 아이가 갑자기 집으로 돌아오진 않아요. 그러나 그게 씨앗이 되어 변화가 일어납니다. 지금은 마음잡고 잘 살고 있다고 나중에 연락이 오는 경우가 많아요. 이것이 제가 연극 교육을 계속하는 이유입니다. 또 교사라면 당연히 아이들을 변화시키는 역할을 해야겠죠. 그런 능력이 없다면 교사를 하지 말아야 합니다. 교육은 오랜 시간을 두고 효과를 보아야 하는 일입니다."

경기도교육청에서 공모한 꿈의학교에 선정되면서 이기복 교장의 사업은 활력이 붙었다. 많지 않은 금액이지만 강사로 활동하는 단원들에게 강사비도 지급하고, 아이들에게 맛있는 밥도 맘껏 먹일 수 있게 됐다. 이보다 더 큰 장점은 공신력이 높아졌다는 것이다. 교육청에서 하는 사업이니만큼 학부모를 설득하기도 쉽고, 학교의 도움을 받기도 편해진 게 사실이다. 언론에서도 관심을 보여 홍보에도 많은 도움이 된다.

내가 원하는 나의 길을 찾아서

이날 아이들이 연습하는 장면을 볼 수 있었다. 실전과 다름없는 진지한 연습이었다. 연습은 실제 공연을 하게 될 지하 공연장에서 열렸다. 공연장 객석에는 반항기 있어 보이는 아이들이 앉아 있었는데, 아니나 다를까 금연 교육을 받으러 온 청소년들이었다.
연극 공연장에서 어떻게 금연 교육을 한다는 것일까? 방법은 그리 특별하지 않았다. 땀 흘리며 춤추는 게 전부였다.

잠시 뒤, 신나는 음악과 함께 화려한 춤을 뽐내는 아이들의 무대가 펼쳐졌다. 스타를 꿈꾸는 예술학교 학생들의 이야기를 담은 뮤지컬 〈페임Fame〉이다. 아직 어린 중고생들이지만 춤 실력이나 진지한 표정만큼은 성인 배우 못지않았다.

"자, 이제 〈뱅뱅뱅〉에 맞춰 춤출 건데, 춤추고 싶은 사람은 다 무대로 나가 봐. 너희도."

이기복 교장이 몇 번이나 권유했지만, 금연 교육을 받으러 온 아이들은 서로 눈치만 볼 뿐 아무도 선뜻 일어나지 않았다. 꿈의학교 아이들만 우르르 나가 무대를 가득 채웠다.
〈뱅뱅뱅〉은 아이돌 그룹 빅뱅이 춤을 추며 부른 노래다. 이기복 교장은 〈뱅뱅뱅〉을 일명 '금연 춤'이라고 소개했다. 특별한 메시지를 담고 있어서 그런 것이 아니라 신나게 춤을 추며 땀을 빼다 보면 니코틴이 몸 밖으로 빠져 나온다는 의미로 '금연 춤'이라 이름 붙였다고 한다. 공연 연습 관람도 이기복 교장의 금연 프로그램 중 일부다.

"금연 캠프에 가면 담배 끊으라는 말만 들을 줄 알았다가 신나는 공연을 보여주니 아이들이 무척 재미있어합니다. 그래서 금연 교육을 하면서 춤을 추라고 합니다. 실제로 추는 아이도 있고요. 땀을 흘리는 것만큼 금연에 좋은 것도 없어요."

연극에 관해 분야별로 전문적인 교육을 해서인지 아이들의 꿈도 구체적이고 확실했다.

"낯을 많이 가렸는데 무대에 서면서 당당한 성격으로 변했어요. 연극이 꿈이고, 연극영화과에 가기 위해 노력하고 있어요." _왕수민, 고 3

"꿈이 연극 연출이라 조명 다루는 법과 의상 디자인하는 법을 배우고 있어요. 연극영화과에 진학할 계획이에요." _김선미, 고 1

"직접 대본도 만들고 연극도 하면서 많은 것을 할 수 있고, 특히 연습할 때도 관객이 있어서 좋아요. 학교에서도 연극반 활동을 하고 있어요. 연극배우가 제 꿈이에요." _조용진, 고 2

이 학교를 1년 만에 다시 찾았다. 취재 당시 고등학교 2학년 학생들이 해가 바뀌어 3학년이 되면서 연극영화과에 전원 합격했다는 소식을 전해 듣고 무척 놀랐다. 이것이 학교 이름에 자신 있게 '전문가'라는 수식어를 붙인 이유였음을 묻지 않아도 알 수 있었다.

이러한 성과의 바탕에는 '진짜 꿈을 찾게 하겠다'는 청석에듀씨어터만의 독특한 교육철학과 이를 실현하는 방법이 있었다. 산악 구보, 다리 찢기, 실제 공연하기 등 공연 전문가를 만들기 위한 강도 높은 훈련이 바로 그것이다.

이 훈련을 받고 난 뒤 자신의 꿈을 확신한 아이가 있는 반면 꿈을 포기한 아이도 있다는데, 둘 다 바람직해 보였다. 소질과 능력에 맞지 않는 꿈을 빨리 깨야 다시 새로운 꿈을 꿀 수 있기 때문이다. 학생에게 이 길이 내 길이라는 확신을 주는 것 못지않게 이 길은 내 길이 아니라는 사실을 깨우쳐주는 것 또한 중요하지 않을까.

안산 승마 힐링
꿈의학교

공부가 아닌 다른 기회도 필요해

안산 승마 힐링 꿈의학교는 초·중학교 신입생 80명을 모집하는데 1019명이 몰려서 화제가 됐다. 예상치 않게 많은 신청자가 몰리다 보니 선발 방법이 문제였다. 원래 계획한 대로 면접을 통해 뽑다가는 자칫 특혜 시비에 휩싸여 곤란을 겪을 소지가 다분했다.

획기적인 선발 방식을 고심하던 끝에 찾아낸 것이 바로 추첨이었다. 새로운 방법은 아니지만 누가 봐도 공정해 보이기 때문이다. 추첨장에는 경찰과 경기도교육청 관계자, 지역 주민을 입회시켰다. 선발 권한을 가진 안산 승마 힐링 꿈의학교 박경남 교장은 아예 추첨장에 들어가지 않았다. 이 모두가 공정함을 기하려는 노력이었다.

추첨 날짜는 하루 전인 6월 30일에야 공지했다. 1000명이 넘는 아이와 부모가 추첨장에 올 경우, 대혼란이 예상되기 때문이다. 이렇게 엄청난 작전을 펼쳤음에도 추첨하는 날, 아이들 수십 명이 추첨장인 안산 승마 힐링 학교 휴게실 창문에 쪼르륵 매달려 있는 진풍경이 연출됐다.

12.7 대 1인 경쟁률만 놓고 보면 그 어렵다는 교사임용시험 수준이다. 어떻게 이렇게 많은 아이들을 끌어모은 것일까, 혹시 내가 상상조차 할 수 없는 어떤 매력이 숨어 있는 건 아닐까 하는 기대감을 안고 학교로 향했다.

안산 승마 힐링 꿈의학교는 안산과 시흥이 만나는 곳인 상록구 수암동에 위치해 있다. 고샅길 같은 좁은 주택가 도로를 지나면 탁 트인 공간이 나오는데 바로 그곳에 학교가 있었다. 산이 학교를 보듬어 안듯 둘러싸고 있어 포근한 느낌이 들었다. 시원한 산바람이 7월의 후덥지근함을 씻어주었다.

동물과 친해지고 싶은 아이들

"우리 아이들이 기마민족의 후예라서 승마를 좋아하는 걸까요?" 농치듯 물었는데, 박경남 교장의 대답은 꽤 진지했다.

"뭐, 그럴 수도 있겠지만 그보다는 아이들이 원래 동물을 좋아해서 그럴 거예요. 말을 싫어하거나 무서워하는 아이가 거의 없더라고요. 아마 승마보다는 그냥 말이 좋아서 온 아이들이 많을 거예요. 처음에 경기도교육청 관계자가 학생들이 과연 모집되겠느냐며 걱정을 많이 했는데, 전 아이들을 많이 가르쳐봤기 때문에 자신 있었어요. 많이 오리라 예상도 했고요. 하지만 1000명이 넘을 줄은 솔직히 몰랐어요."

박 교장은 〈OK 목장의 결투〉라는 영화를 보고 나서, 주인공들의 말 타는 모습에 반해 20년 전부터 말을 타기 시작했다. 어느 순간 취미를 넘어 승마 선수가 됐고, 2011년에는 제주 국제지구력대회에 나가서 1등을 하기도 했다. 그러다가 경기도 안산에서 승마장까지 운영하게 됐지만 본업은 아직도 무역업이다.

박 교장이 경기도교육청이 추진하는 꿈의학교에 응모한 이유는 '바로 이거야!'라는 느낌이 왔기 때문이다. 자신이 꾸던 꿈과 꿈의학교의 정신이 딱 들어맞았던 것이다. 아이들에게 꿈을 심어주기 위해 추진한 꿈의학교가 어른인 박 교장의 꿈에도 힘을 실어준 것이다.

"모든 학교들이 아마 공부가 우선일 거예요. 공부 잘하는 아이들 위주로 이끌어가죠. 그럼 나머지 아이들은 어떻겠어요? 그 아이들에게도 기회를 만들어줘야 하잖아요. 나중에 승마 선수나 승마 코치를 직업으로 삼는 아이도 나와야 하고요.
그래서 어린이 승마 교육을 계속해왔는데 사실 비용이 만만치 않다 보니 배울 수 있는 아이들 수가 많지는 않았죠. 꿈의학교에 선정되고 나서 많진 않지만 지원금이 나오니 제게 힘이 실린 거죠. 수강료를 내지 않아도 되니까 비용 때문에 배울 수 없었던 아이들은 기회를 얻게 되었고요."

승마와 힐링, 치유의 결합

이 학교 선생님들이 특히 강조하는 것은 치유와 치료 효과다. 이것이 승마 '힐링' 꿈의학교라고 이름을 붙인 이유다. 실제로 심리 치료에 성공한 사례도 있다. 자폐증이 있는 아이가 승마를 한 지 3년 만에 완치되어 대학에 들어갔다고 한다.

안산 승마 힐링 꿈의학교 윤화영 코치가 승마에 빠진 까닭도 따지고 보면 치료 효과 때문이었다. 어린 시절 그는 가방도 들고 다니기 힘들 정도로 허리가 아팠다. 그래서 체육 시간이면 교실에 혼자 남아 있을 정도로 약골이었는데, 승마를 하면서 건강해졌다고 한다. 승마가 척추 치료에 효과가 탁월하다는 설명이었다.

윤 코치의 원래 직업은 대학병원 간호사이며, 영어와 스페인어를 자유자재로 구사하는 재원이다. 5년 동안 다니던 병원을 그만두고 2013년부터 승마 코치로서의 인생을 살고 있다. 수입은 간호사 시절의 3분의 1로 줄었고, 승마 가르치기와 함께 말 씻기기, 말똥 치우기 같은 막일도 그의 몫이다. 그는 왜 이 삶을 택했을까?

"암센터에서 근무를 했는데 죽음을 자주 목격하다 보니 너무 힘들었어요. 그래서 청소년 정신과 쪽으로 바꿔서 지원해놓고 합격 소식을 기다리는 동안 우연히 이곳에서 일을 도와주게 됐죠. 그러다 차라리 제가 자신 있는 '말馬'을 통해 아이들과 소통하고 치료를 해보자는 생각이 들었어요. 그 때문에 아예 직업도 바꾼 거죠."

자세히 설명을 들었는데도 어쩐지 답변이 좀 허전했다. 그래서 윤 코치 인생에서 승마가 어떤 의미를 갖느냐고 다시 물었다.

"무아지경이라고 표현해야 할까요? 무당이 굿을 하면서 무아지경에 빠져 신을 만나는 것처럼, 저는 말을 타면 신을 만난다는 느낌을 받아요. 나이 들어 머리가 하얗게 셀 때까지 말을 탈 생각이에요."

내친김에 말을 잘 탈 수 있는 비결도 물었다.

"말과 친해지면 돼요. 어른들은 승마장에 오면 그저 말을 잘 타려고만 하는데, 아이들은 먼저 말과 친해지려고 해요. 그게 바로 정답이에요. 말에 관심을 가지고 나와 같은 인격체로 말을 대하면 말은 분명 그걸 알아채거든요."

윤 코치도 1000명이 넘는 아이들이 이 학교에 지원할 줄은 몰랐다는 반응이었다. 안산 승마 힐링 꿈의학교의 인기 비결을 묻자 그는 상당히 현실적인 답변을 내놓았다.

"제주도에 가야만 말을 탈 수 있는 줄 알았는데 알고 보니 도심 가까운 데 이런 곳이 있고, 게다가 학교라고 하니 일반 승마장보다 잘 가르쳐줄 것 같다…… 이런 기대감 때문에 지원을 많이 한 것 아닐까요?"

일면 고개가 끄덕여지는 분석이었다. 또 다른 이유가 궁금하여 학교 홍보 전단지를 살펴보니, 학습 프로그램과 강사 이력까지 자세히 나와 있어 꽤 믿음이 갔다. 학부모가 아이를 믿고 맡길 만했다. 강사들이 모두 승마 코치 자격증을 가지고 있으며, 승마 재활 치료 자격증을 함께 가지고 있는 코치도 있다.

수업은 주중 방과 후와 토요일 오후에 한다. 학습 프로그램은 말 먹이 주기, 친구나 부모님 말에 태워 끌어주기 등 다양했다. 여름방학 때는 강원도 한국재활승마센터에서 2박 3일간 승마 캠프를 연다. 캠프 프로그램은 바다에서 말과 함께 즐기는 승마, 대관령 꼭대기에서 즐기는 승마 등이다. 가장 중요한 특징은 역시 모든 프로그램의 시행 여부를 아이들 스스로 결정한다는 것이다.

첫해 80명 모집에 1000명이 넘게 몰려 화제를 낳았던 안산 승마 힐링 꿈의학교는 그다음 해인 2016년에는 70명의 학생들과 수업을 진행했

다. 예산 지원이 줄어서 어쩔 수 없이 학생 수도 줄여야 했다.

꿈의학교 2년. 박경남 교장에게 가장 큰 성과가 무엇이냐고 물었더니 '실제 체험'이라는 답이 돌아왔다. 이유를 들어보니 승마에 대한 꿈을 찾은 아이가 많아서 그런 것만은 아니었다. 직접 체험을 한 뒤 기수나 승마 코치처럼 말과 관련된 일을 하겠다는 목표를 확실히 세운 아이도 있지만 반대로 포기해버린 아이도 있는데, 박 교장은 후자를 더 큰 성공으로 평가했다. 막연히 가지고 있던 꿈을 깨야 진짜 꿈을 찾을 수 있기 때문이다.

"꿈의학교를 경험한 뒤 전보다 공부를 더 열심히 하는 아이를 여럿 봤어요. 공부하는 것보다 승마가 더 어렵다는 사실을 깨우쳤기 때문이죠. 코치 선생님들이 말똥 치우고 말 목욕시키는 모습을 보면서 그런 마음을 먹은 것 같아요. 승마 코치, 수의사 체험을 실감 나게 시킨 영향도 있는 것 같고요. 막연했던 꿈이 깨진 거죠. 저는 이것이 꿈의학교의 진정한 성과라고 생각해요."

모든 학교들이 아마 공부가 우선일 거예요. 공부 잘하는 아이들 위주로 이끌어가죠. 그럼 나머지 아이들은 어떻겠어요? 그 아이들에게도 기회를 만들어줘야 하잖아요.

청평호반 수상스포츠
꿈의학교

자연 속에서 도전하는 꿈

'여기 학교 맞아? 아무래도 단체로 물놀이 온 거 같은데?'

청평호반 수상스포츠 꿈의학교의 첫인상이다. 아이들은 물놀이에 열 중해 있었다. 구명조끼를 입은 아이들 몇몇은 마치 제집 안방인 양 편 안하게 강물에 드러누워 물장구를 치고 있었다. 물 위를 스쳐 지나는 바람은 서늘하기까지 했다. 여름 태양이 검푸른 강물에 치여 힘을 잃 은 듯했다.

이 학교는 가평 관내 중학생 20명을 모집해 문을 열었다. 이곳에서는 수상스키와 카누를 가르친다. 폭염이 쏟아지던 8월에 학교를 방문했 다. 수업이 주로 8월에 이루어지기 때문이다. 마음 한편엔 취재도 할 겸 시원한 청평 호수에 발 한번 담가보고 싶은 욕심도 있었다.

학교라고는 하지만 교실이나 책상, 칠판 따위는 없었다. 모터보트가 들어오는 작은 나루터와 물결 넘실대는 드넓은 북한강이 교실이었다. 아이들이 물놀이하고 있던 나루터 앞은 알고 보니 수상스키 훈련장이었다.

검게 탄 얼굴과 팔뚝, 그보다 더 검은 선글라스를 낀 정형배 교장이 나루터에서 아이들을 지켜보고 있었다. 정 교장은 청평중학교 교감이기도 하다. 공교육을 책임지고 있는 현직 교감이 어째서 학교 밖 학교인 꿈의학교의 교장을 맡게 된 것일까? 이 질문을 하려는데 갑자기 아이들의 환호성이 들렸다.

고개를 돌려보니 모터보트가 아이들이 모여 있는 나루터로 막 들어서고 있었다. 긴 줄을 잡고 모터보트 꽁무니에 매달려오던 아이가 줄을 놓으며 강물에 유유히 빠져드는 모습에 환호를 보낸 것이다. 수상스키는 이렇게 해야 멋진 마무리인가 보다. 나중에 보니 적당한 순간에 줄을 놓지 못한 아이는 뒤엎어져서 배에 끌려가다가 물속에 빠졌다.

마음껏 도전할 수 있는 기회

"보트 타고서 강 건너 카누 훈련장에 한번 가보실래요?"

내가 좋다고 하자 정 교장은 대뜸 모터보트의 시동을 걸었다. 이렇게 해서 선상 인터뷰가 이루어졌다.

"저는 이곳에서 나고 자랐고 이곳에서 아이들을 가르쳤어요. 저 아이들 중엔 제가 가르친 제자의 자녀도 있고, 동네 후배의 자녀도 있습니다. 이곳이 수상스포츠 하기에 정말 좋은 곳인데, 돈 많은 외지 사람들만 와서 즐길 뿐 정작 여기 아이들은 워낙 비싸서 못 합니다. 그게 안타깝기도 했고 아이들에게 꿈과 도전 정신을 심어줄 수 있을 것 같아서 나선 거죠.
청평호반 수상스포츠 꿈의학교의 가장 큰 목표는 아이들을 즐겁게 해주는 것이지만, 이들 가운데 나중에 수상스포츠 선수나 수상스포츠를 직업으로 하는 아이가 나온다면 더 바랄 게 없겠지요. 그래서 후배 체육 교사들과 함께 꿈의학교에 도전하게 되었고, 지역 주민들의 도움을 받아 문을 열게 된 겁니다. 그동안 제가 길러낸 수상스포츠 선수도 꽤 됩니다. 10년 넘게 수상스포츠를 가르쳤거든요."

정 교장 말이 끝날 즈음 보트가 카누 훈련장에 도착했다. 구명조끼를 입은 아이들 몇몇이 물 위에서 물장구를 치다가 고무로 만든 연습용 카누에 올라타고 있었는데, 훈련이라기보다는 물놀이에 가까워 보였다. 아이들 얼굴에서도 훈련이 주는 긴장감은 엿볼 수 없었다.

교사와 지역이 함께 만드는 교육

알고 보니 청평호반 수상스포츠 꿈의학교는 공교육을 주도하고 있는 교육장을 비롯한 현직 교사들이 적극적으로 나서서 만든 학교였다. 이 점이 마을 주민이나 특정 분야의 전문가, 즉 공교육 밖에 있는 이들이 주도해서 만든 대다수의 꿈의학교와 확연히 다르다.

이날 가평교육지원청 황중원 교육장도 아이들의 수업을 참관했다. 학교 구성원으로 참여하진 않았지만, 황 교육장도 청평호반 수상스포츠 꿈의학교에 구성원 못지않은 관심을 가지고 있었다.

"물가에 아이들을 내놓아야 하니 좀 걱정은 되지만, 위험하다는 이유로 피하면 할 수 있는 게 아무것도 없다고 판단했어요. 안전 수칙만 잘 지키면 문제가 없을 것 같아서 추진했고요. 앞으로 경기도 전체 학생을 대상으로 하는 수상스포츠 꿈의학교를 운영하는 게 목표입니다."

수상스키 국가 대표를 지낸 진건오 씨를 제외하고는 강사가 모두 이 지역 체육 교사들이다. 학생들을 지도하기 위해 체육 교사들은 미리 보트 조종 면허와 심폐소생술 자격증을 땄고, 수상안전 교육도 받았다. 강사들 중에도 정 교장처럼 수상스포츠 꿈의학교를 간절히 원한 이가 있었다. 청평중학교 김태곤 교사다.

"몇 년 전에 카누협회 등의 도움을 받아서 여름방학 때 5일간 하루 4시간씩 아이들을 모아 수상스포츠 학교를 운영해봤어요. 그런데 비용이나 강사 문제 때문에 만만치 않더라고요. 그 이후로 언제 다시 이런 시도를 할 수 있을까 싶었는데, 경기도교육청에서 추진한 꿈의학교가 날개를 달아줬어요. 천혜의 자연 조건을 이용해 수상스포츠 학교를 한번 만들어보자는 교육장님의 결정 덕분에 할 수 있었죠."

김 교사의 바람은 아이들이 물과 친해지는 것이다. 특히 물에 대한 안전 지식을 익히는 게 중요하다고 강조했다.

"우리나라는 삼면이 바다라 물이 참 많아요. 그러니 물과 친해지는 것은 물론, 수상안전 교육도 꼭 받아야 합니다. 아이들이 이번에 배운 것을 친구들한테도 알려줬으면 좋겠어요. 나중에 수상스포츠를 직업으로 삼아도 좋고요. 이번 기회를 통해서 수상스포츠도 직업이 될 수 있다는 것을 알게 되겠죠. 책을 통해 배운 것이 아니라 직접 체험한 것이니 나중에 아이들이 직업을 선택할 때 상당한 영향력을 발휘하리라 봅니다."

청평호반 수상스포츠 꿈의학교는 일단 흥미를 불러일으키는 데 성공했다. 그렇다고 재미만을 강조하는 학교는 아니다. 꿈의학교의 신조인 '학생 스스로 정신'과 '온 마을이 나서서 아이들을 가르쳐야 한다'는 마을교육공동체 정신이 바탕에 깔려 있다. 거기에 마을, 그리고 마을을 둘러싼 자연환경과 평화로운 관계를 맺자는 지역·환경 사랑 정신도 녹아 있다.

이를 위해 수상스포츠 꿈의학교는 학생자치회를 꾸려 운영 계획은 물론 활동 규정까지 학생들 스스로 짜도록 한다. 마을 주민과 체육 교사로 이루어진 운영위원회를 만들어 학생들의 안전한 수상 활동을 지원한다. 또한 지역·환경 사랑 교육도 빠뜨리지 않는다. 프로그램으로는 문학 속에 등장하는 북한강 체험 등을 진행한다.

필기와 시험은 없고 재미만 가득

덴마크 교육의 선구자 니콜라이 그룬트비_{Nikolai Grundtvig}는 이런 말을 남겼다. "노트에 필기하고 시험을 쳐서 점수를 잘 받는 방식이 아닌, 학생들의 호기심을 불러일으키고 자극하고 도전하게 하는 것이 좋은 교육이다."

수상스포츠 꿈의학교는 이 말에 딱 들어맞는 학교다. 노트 필기와 시험은 없고 대신 재미만 가득하니 말이다. 게다가 수없이 엎어져 물을 먹어도 다시 일어나 도전하게 만드는 마력을 갖고 있다. 이 학교를 세운 목적이 도전과 성취 배우기이니 그룬트비가 말한 좋은 학교라 할 만하다.

실제로 학생들은 카누와 수상스키를 배우고 있는 것이 아니라 즐기고 있다고 말했다. 힘들지 않냐고 물으면 대부분 재미있다는 대답이 돌아왔다.

아이들은 처음엔 물에 잘 뜨지도 못하고 스키 위에 제대로 서지 못해 힘들었지만 즐기면서 하다 보니 금세 익숙해졌다고 한다. "수상스키를 타면 막 날아다니는 것 같다"며 신나는 기분을 표현한 학생이 있는가 하면, 중학교 1학년 박동민 학생은 "카누 선수가 되고 싶었는데, 직접 해보니 더 하고 싶어졌다"는 각오를 밝히기도 했다.

즐거운 여름을 선물하는 학교

꿈의학교 학생들 중에는 수상스키 같은 스포츠에 관심이 있어서 온 아이도 있고, 그저 물놀이가 좋아서 온 아이도 있었다. 이 아이들 중에서 수상스포츠 선수가 나오면 좋겠다는 김태곤 교사의 꿈은 불과 1년 만에 실현됐다. 카누 선수가 되고 싶다던 박동민 학생이 실제 카누 선수가 되어 2016년 9월 제12회 백마강배 전국카누경기대회와 제34회 전국카누선수권대회에서 연거푸 동메달을 따는 기염을 토한 것이다. 김교사는 이 소식을 들뜬 목소리로 전했다. 그가 동민이를 선수의 길로 인도했고, 선수 활동까지 직접 지도한 터라 기쁨이 더 큰 것 같았다.

하지만 청평호반 수상스포츠 꿈의학교를 운영하는 가장 큰 이유는 '선수 발굴'이 아니라 아이들에게 '즐거운 여름'을 선물하는 것이다. 아이들이 물과 친해지며 기뻐하는 모습을 볼 때 교사들은 가장 큰 보람을 느낀다.

학창 시절 누구나 한 번쯤 스포츠나 연예계 스타를 꿈꾼다. 하지만 타고난 소질과 끼가 없으면 정말로 꿈을 실현하기 어려운 분야가 예체능이다. 박동민 학생처럼 꿈의학교에서 자신의 소질을 발견한 것은 분명 큰 성과지만, 반대로 꿈을 깨는 학생들이 더 많이 생겨야 한다.

자신의 소질이나 재능에 맞지 않는 꿈, 어른들이 강요하거나 바라는 꿈을 좇느라 인생을 허비하는 일이 얼마나 많은가. 대부분 실제로 경험해보지 못해 겪는 시행착오이며, 스스로 원하는 삶이 무엇인지 생각할 여유가 없기 때문에 벌어지는 일이다. 좀 더 일찍 경험하고 빨리 그 환상을 깬다면 자신에게 맞는 꿈을 제대로 찾을 수 있지 않을까?

성장은 꿈을 찾는 과정이지만, 이는 곧 자신에게 적합한 꿈을 찾기 위해 막연한 꿈을 깨나가는 과정이기도 하다. 막연한 꿈을 깨고, 내가 정말 원하는 꿈을 찾도록 돕는 것 역시 꿈의학교가 추구하는 목표다. 꿈의학교를 경험하고 나서 막연한 꿈을 깼다는 소식이 그래서 더 반갑다.

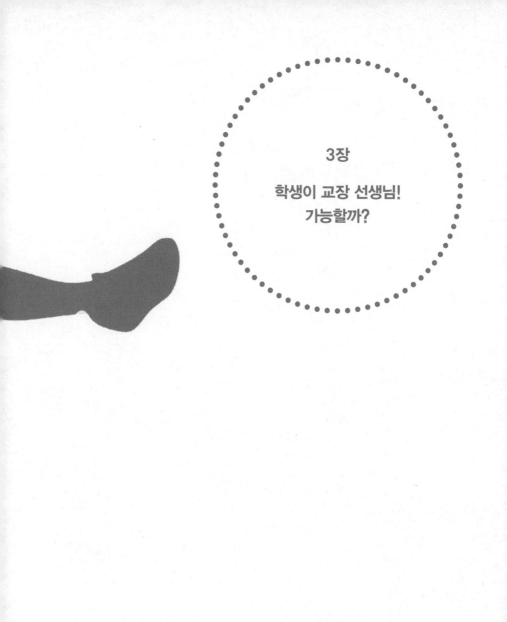

3장

학생이 교장 선생님!
가능할까?

청소년, 연극을 만나다
꿈의학교

우리가 직접 학교를 운영해요

또래로 보이는 여학생 셋이 나란히 앉아 있다. 스스럼없이 함께 웃고 떠드는 모습을 보니 친구인 게 분명했다. 하나같이 성격 좋아 보이는 부드러운 인상이라 자신 있게 말을 걸었다.

"너희들끼리 온 거니?"

"네."

"어떤 학교를 만들 거야?"

"저희끼리 연극 만들어서 공연해보려고요."

"누가 꿈짱이니?"

"얘가 꿈짱이에요."

"그럼 너는?"

"저는 꿈지기 교사인데요."

순간 아차 싶었다. 이 실수를 어떻게 수습한단 말인가!

"정말 죄송합니다. 워낙 동안이시라 학생인 줄 알고…… 선생님이신
줄 미처 몰랐네요."

"괜찮아요. 가끔 이런 일 겪어요. 아이들과 친구처럼 지내니까 더 그런
것 같아요. 젊게 봐주시면 제가 감사한 일이죠."

학생이 만들어가는 꿈의학교

김은경 꿈지기 교사, 이희원·전민성 꿈짱('학생이 만들어가는 꿈의학교'
학생 대표)과의 첫 만남은 이랬다. 2016년 7월 학생 스스로 만드는 꿈
의학교 콘퍼런스인 '쇼미더스쿨'이 열린 동양인재개발원에서였다. 이
들이 만든 학교 이름은 '청소년, 연극을 만나다'이다. 학생 13명, 강사
3명(연출, 조연출, 움직임 코치), 꿈지기 교사 1명으로 구성한 단출한 학
교다. 학생은 성남에 있는 고등학교 1, 2학년생들이고 꿈지기 교사는
극단 하땅세의 디자이너다.

김 교사와 학생들의 인연은 성남아트센터에서 진행한 청소년 연극 교
육 프로그램에서 시작됐다. 그 당시 김 교사는 프로그램 담당 직원이
었고, 꿈짱을 비롯한 학생들은 참가자였다. 프로그램의 마지막 과정인
연극 〈파리대왕〉 공연을 마치고 나서 아이들이 뿔뿔이 흩어져야 할 때

쯤 김 교사는 경기도교육청에서 '학생이 만들어가는 꿈의학교'를 공모하고 있다는 정보를 알게 됐다.

경기도교육청이 추진하는 꿈의학교는 두 가지로 나뉜다. 바로 '학생이 찾아가는 꿈의학교'와 '학생이 만들어가는 꿈의학교'다. '학생이 만들어가는 꿈의학교'의 운영 주체는 학생이다. 학생이 교장도 하고 교감도 하고 교사도 한다. 어른은 '꿈지기'라는 학교 운영 도우미로 참여할 뿐이다. 학생 스스로 공부하고 싶은 내용(과목, 분야 등)을 결정하고 커리큘럼(교과과정)을 직접 짠다는 게 특징이다. 어른이 운영 주체인 '학생이 찾아가는 꿈의학교'를 1년간 운영하며 얻은 자신감으로, 2016년부터 '학생이 만들어가는 꿈의학교'를 본격적으로 시작했다.

이 학교의 바탕에는 학생들이 직접 누군가를 가르쳐보기도 해야 제대로 된 공부를 할 수 있다는 생각이 깔려 있다. 입시 위주의 우리 교육이 그동안 청소년들에게서 스스로 삶을 만들어가는 경험을 빼앗아왔다는 반성도 녹아 있다.

김은경 교사가 보기에 청소년 연극 프로그램에 참여했던 이 아이들이야말로 '꿈의학교'와 아주 잘 어울릴 것 같았다. 그래서 아이들에게 학교를 직접 만들어보면 어떻겠냐고 제안했고, 아이들은 손뼉을 치며 팔짝팔짝 뛰었다. 무대, 그리고 무대에 함께 오른 친구들과 다시 만날 기약도 없이 헤어지는 게 못내 아쉬웠던 차에 희소식이었다.

청소년, 연극을 만나다 꿈의학교는 매주 월·수·금·토요일에 학생들 스스로 짠 커리큘럼에 맞춰 수업과 연습을 진행한다. 한 달 정도 연습한 뒤 서울 대학로에서 공연을 하고, 5개월 뒤에 졸업 여행을 한 뒤 막을 내린다.

경기도교육청은 이 학교에 총 700만 원을 지원했다. 이 돈으로 도대체 어떻게 연극을 만들어 무대에 올리고, 졸업 여행까지 간다는 걸까? 잠시 의구심이 들었지만 곰곰이 생각해보니 아이들 기준으로 보면 그리 적은 돈도 아니다.

재정 사용 계획서를 보니 강사비, 인쇄비, 홍보비, 연습실 임대료, 안전 보험료 등 학교를 운영하는 데 꼭 필요한 경비가 군더더기 없이 골고루 분배되어 있었다. 한 가지 아쉬운 점은 꿈지기 교사의 인건비가 책정되어 있지 않다는 것이었다. 사기를 북돋울 정도는 아니더라도 꿈지기 교사가 뿌듯함을 느낄 정도의 인건비가 필요해 보였다.

인상 깊은 첫 만남이 있은 지 약 한 달 뒤에 두 번째 만남이 이루어졌다. 앞서 첫 만남의 무례함을 인연 삼아 취재를 요청하자 김 교사는 반갑게 허락했다. 이렇게 해서 성남시 복정동에 있는 청소년, 연극을 만나다 꿈의학교 연습실을 찾게 됐다.

꿈의학교에서 얻은 인생의 전환점

"이게 뭐야, 도대체 몇 번째 반복하는 거야! 왜 계속 헷갈려, 몇 줄이나 된다고!"

한 남학생이 조연출을 맡은 20대 젊은 강사에게 꾸지람을 듣고 있었는데, 얼굴에 워낙 웃음기가 많아 진짜 혼을 내는 건지, 혼내는 척을 하는 건지 분간하기가 어려웠다. 혼이 나고 있는 학생 얼굴에도 긴장감보다는 웃음기가 더 많아 보였다.

연습실에는 에어컨이 없었다. 삼복더위를 어떻게 견딜지 궁금해 덥지 않느냐고 묻자 지하실이라 참을 만하다고 했다. 실제로 연습실은 선선했다. 30여 평 작은 공간에서 아이들은 연극 연습에 여념이 없었다. 다른 한편에서는 소품, 조명 등을 담당한 아이들이 회의를 하고 있었다. 그렇다면 '학생이 만들어가는 꿈의학교'에서 꿈지기 교사가 맡은 역할은 무엇일까? 김 교사는 뒷바라지라고 결론지었다.

"아이들이 대부분의 일을 결정하니까 사실 할 일이 그렇게 많지는 않아요. 저는 주로 공연 포스터나 광고지를 만들어요. 대학에서 시각디자인을 전공했거든요. 또 공연장이나 연습실을 빌릴 때 필요한 계약 같은 걸 대신 해주죠. 아무래도 아이들이 하기 힘든 일이니까요. 그리고 아이들이 지치고 힘들어할 때 친구, 언니, 누나처럼 다독여주는 일도 중요해요."

그렇다면 예전에 성남아트센터에서 운영했던 청소년 연극 프로그램과 '학생이 만들어가는 꿈의학교'의 차이점은 무엇일까?

"아마 그 연극 프로그램이 '학생이 찾아가는 꿈의학교'와 비슷할 거예요. 그런데 그때는 하나부터 열까지 강사가 다 알려준 반면, '학생이 만들어가는 꿈의학교'는 그렇지 않아요. 학생들 스스로 배워야 합니다. 강사는 잠깐 와서 코치만 해줘요. 그게 가장 큰 차이죠.

그래서 때론 아이들이 버거워하기도 해요. 주입식 교육만 받던 아이들이라 익숙지 않으니까요. 어떤 아이들은 선생님이 자세히 알려주면 좋겠다고 하기도 해요. 이런 점으로 보면 '찾아가는 꿈의학교'가 '만들어가는 꿈의학교'보다 주입식 교육에 더 어울리는 학교 형태인 셈이죠. 심지어 연습실까지 스스로 마련해야 했는데, 그게 정말 힘들었어요. 교육청에서는 학교와 연계하라고 하지만, 제가 현직 학교 선생님이 아니다 보니 도움받기가 어려웠어요."

'학생이 찾아가는 꿈의학교'와 '학생이 만들어가는 꿈의학교' 가운데 어느 쪽이 학생들에게 더 도움이 될 것 같냐고 묻자 김 교사는 양쪽 다 장단점이 있다고 답했다.

"아무래도 배움의 양은 '학생이 찾아가는 꿈의학교'가 더 많겠죠. 스스로 한다는 데 큰 의미가 있지만, 우리 현실에서는 참 어려운 게 사실이에요. 지금까지 아이들은 물론이고 교사 스스로도 배우지 않았잖아요. 누군가가 지금까지 알아서 가르쳐주었으니 지금도 그런 방식을 원하고 있는 것이고요.

그렇지만 '학생이 만들어가는 학교'가 기억에는 더 오래 남을 것 같아요. 아이들한테는 평생 잊지 못할 추억이 될 거예요. 자기 몸으로 부딪쳐가면서 모든 일을 해결하고 어려움을 스스로 극복하는 과정에서 얻는 게 분명 있을 것 같아요. 그런 과정을 겪는 가운데 인생의 터닝 포인트도 맞이할 수 있을 것 같고요."

진지하게 배우의 꿈을 키우며

이 학교 학생들의 장래 희망은 대부분 배우였다. 그래서 그런지 연습실 분위기가 자유로우면서도 무척 진지했다. 대화를 해보니 아이들이 연습을 비롯해 이 공간에서 이루어지는 모든 일에 굉장히 적극적이라는 것을 느낄 수 있었다. 자신들이 진정 하고 싶은 일을 스스로 하기 때문에 그렇다는 걸 아이들도 잘 알고 있었다.

아이들에게 꿈의학교를 만들고 참여하게 된 계기 등을 물었다. 대부분의 아이들이 기다렸다는 듯 막힘없이 대답했다. 심지어 인터뷰하고 싶다고 먼저 다가온 아이도 있었다.

"뮤지컬 배우가 제 꿈이에요. 뮤지컬의 기본인 연기를 배우고 싶었고, 대학 입시를 보기 전에 무대 경험도 쌓고 싶어서 꿈의학교를 만들었어요. 뮤지컬 배우가 되고는 싶은데, 숫기가 워낙 없어서 과연 배우가 될

수 있을지 걱정한 적도 있어요. 〈파리대왕〉을 준비하면서 많이 울기도
했고요. 하지만 그런 과정을 거치면서 자신감을 얻었어요."

_이희원, 효성고 2, 꿈짱

"제 꿈은 뮤지컬 배우이고, 학교에서는 밴드부에서 활동하고 있어요.
좋아하던 여자 친구가 꿈을 포기하는 모습을 보면서 제가 대신 멋진
배우가 돼주겠다는 마음으로 하게 됐어요. 근데 지금은 헤어졌어요."

_여동환, 분당고 2

"저도 꿈이 배우예요. 목소리가 너무 작아서 걱정스럽긴 한데, 무대만
올라가면 신기하게도 목소리가 커져요. 무대에 설 기회를 잡기가 참
힘든데, 그럴 수 있다는 게 가장 마음에 들어요." _김수은, 동광고 1

"공연 기획자가 되고 싶어서 왔어요. 이곳에서는 의상과 소품을 맡고
있어요. 이제 겨우 한 달 정도 해봐서 제가 공연 기획에 소질이 있는지
는 잘 모르겠어요. 더 경험을 해봐야 할 것 같아요. 소질이 있다고 판단
되면 대학에 가서 공부해보려고요." _이다영, 야탑고 2

"아이들끼리 있어도 의견이 엇갈려 크게 충돌하는 경우는 없어요. 열
심히 하자고 서로 토닥여주는 분위기가 이미 잡혀 있어요. 오롯이 우
리들의 공연이고, 스스로 원해서 하는 일이라 그런 거 같아요. 의견이

엇갈리면 이렇게 빙 둘러앉아서 이야기해요. 카톡으로도 대화하고요."

_김잔디, 효성고 2

실수는 두렵지 않아

"연극 보러 오실 거죠?"

갈까 말까 고민할 겨를도 없이 간다고 대답했다. 강요는 아니었지만 꼭 연극을 보러 오면 좋겠다는 말로 들렸기 때문이다. 연극 홍보지를 보니 장소가 성남이 아닌 서울 혜화동 대학로다. 아이들이 살고 있는 성남과는 1시간이 넘는 거리다.

왜 이렇게 먼 곳에서 공연을 하느냐고 묻자, 연극을 하는 아이들에게 대학로는 꿈의 장소일 뿐 아니라 일찌감치 대학로의 연극 무대를 경험 하게 하기 위해서라고 한다. 게다가 성남에서는 극장을 빌리기가 무척 어렵다고 한다.

"극장이나 연습실을 빌릴 때 학교나 관공서의 도움을 받으라고는 하지 만, 저처럼 현직 교사가 아닌 꿈지기한테는 참 막연한 말이에요. 성남 에 있는 관공서나 학교에서 수월하게 극장을 빌릴 수 있었다면 그렇게 했겠죠. 사실 성남에 있는 많은 학교 중 어느 학교의 도움을 받아야 할 지, 누구한테 부탁을 해야 할지도 잘 모르겠더라고요. 아이들도 여러

군데 학교에서 지원해서 왔거든요."

무대는 배우들 숨소리까지 들릴 정도로 좁았는데 그래서 더 좋았다. 중·고등학생 아이들이 작은 극장을 가득 채웠다. 에너지가 넘치는 나이라서 그런지 그들의 체온만으로도 극장이 후끈거렸다.

연극 제목은 〈굿 닥터〉(닐 사이먼 작, 박준용 역), 연극계에서는 꽤 유명한 작품이다. 여러 가지 이야기가 옴니버스식으로 구성되어 있는데, 성인용 연극 대본을 아이들이 직접 청소년용으로 각색했다.

넉살 좋은 배우들 연기에 소름이 쫙쫙 끼치고 정신 줄을 놓아버릴 정도로 집중할 수 있었으면 좋으련만, 솔직히 그렇지는 않았다. 대사를 치다가 말이 꼬여 버벅거리기 일쑤였고, 연극의 내용과 배우의 표정이 어울리지 않는다는 느낌도 받았다.

하지만 1시간 30분 동안 전철을 타고, 다시 20분을 걸어 그곳까지 힘들게 공연을 보러 간 것이 전혀 후회되지 않았다. 오히려 무척 기뻤다. 처음부터 명품 연기를 감상하러 간 것이 아니라 아이들 스스로 만들어가고 운영하는 꿈의학교가 커가는 모습을 확인하러 갔기 때문이다. 꿈의학교의 취지대로 실수를 두려워하지 않고 용감하게 부딪치는 그들의 모습에 큰 박수를 쳐주고 싶었다.

그렇다고 연극이 영 형편없는 건 아니었다. 프로 배우가 아닌 꿈나무들이 고작 45일간 연습한 것치고는 무척 훌륭했다. 아이들이 무더운 여름을 어떻게 불살랐을지 충분히 짐작될 정도로 짜임새가 있었다.

꿈에 한 발 더 다가서는 기쁨

첫 공연을 마친 아이들의 소감은 무척 다양했다. 공연이 끝나자마자 직접 듣고 싶었지만, 아이들에게 사진 좀 찍자고 몰려드는 관객이 많아 인터뷰하자는 말조차 못 꺼냈다. 대신 김은경 꿈지기 교사에게 공연을 마친 뒤 아이들의 소감을 알고 싶다고 부탁했다. 며칠 뒤, 성실한 그는 잊지 않고 아이들의 소감을 전해주었다.

"공연을 하면서 진로의 폭을 더 넓힐 수 있었고, 값진 경험을 통해 제 자신도 조금 더 성장할 수 있었던 계기가 된 것 같아요." _김잔디, 효성고 2

"공연을 준비하면서 좋은 무대를 보여주려면 배우와 스태프 모두가 열심히 협력해야 한다는 걸 느꼈어요. 정말 좋은 경험이었어요."
_김준희, 한솔고 2

"공연을 통해 마음가짐을 더 단단히 할 수 있게 되었어요. 좋은 경험, 좋은 추억을 얻었고 좋은 친구, 좋은 선생님을 만나 기뻐요."
_이희원, 효성고 2

"공동 작업을 하면서 책임감과 협동심이 얼마나 중요한지 직접 배울 수 있었어요." _서민지, 이매고 1

"무대에 작품을 올리면서 새로운 사람들을 만나 소통할 수 있어서 참 좋았어요. 제 진로에 한 발 더 다가설 수 있는 기회이기도 했고요."

_정현정, 효성고 2

"단합이 얼마나 중요한지 느꼈고 연극은 다 같이 만들어야 한다는 것을 알게 되었어요. 이 경험이 앞으로의 제 연극 인생에 아주 큰 도움이 될 것 같아요." _박혜민, 이매고 1

"이번 공연을 통해서 배우와 스태프 간의 단합과 소통이 매우 중요하다는 걸 알게 됐어요. 진로에 좀 더 가까워질 수 있는 계기도 되었고요." _이다영, 야탑고 2

배곧돋움을 위한
꿈의 무한도전 학교

마음의 키가 훌쩍 자란 아이들

배곧돋움을 위한 꿈의 무한도전 학교는 설립 목적인 진로 탐색, 직업 체험보다는 어쩐지 '讀서思품제'(줄여서 '讀思')라는 프로그램이 더 눈에 띄었다. '독사'는 진로를 탐색하기 위한 한 방법이다. 진로를 결정하는 데 도움이 될 만한 책을 선정하여 읽은 다음, 그 내용을 기반으로 토론을 하고 글을 쓰는 프로그램인데 한 달에 한 번 진행한다.

'학생 스스로 정신'을 강조하는 꿈의학교 취지에 맞게 책은 학생들이 직접 선정한다. 이 활동을 잘하면 등급에 따라 상품권도 받을 수 있다. 특품은 인문도서 20권 이상, 1품은 15권 이상, 2품은 10권 이상, 3품은 5권 이상을 받는다.

그런데 진로 탐색을 하기 위해 설립한 학교에서 웬 '讀思'인 걸까. 궁금증이 풀리지 않아서 학생들이 직접 작성한 학교 실행 계획서를 열어보니 "독서 습관을 길러 교양인으로 성장하는 발판을 마련하기 위함"이라고 적혀 있다.

책 속에 길이 있다는 말도 있으니 나름 설득력이 있다는 생각이 들었다. 동시에 공부 잘하는 아이들을 모아놓고 공부 더 잘하는 방법을 터득하게 하려는 게 아닐까 하는 의구심도 일었다. 책을 읽고 토론을 하고 글을 쓰는 것이 최고의 학습 방법이란 건 이미 검증된 사실이기 때문이다.

'독사' 외에도 이 학교에서는 '꿈! 만나다, 나누다, 이루다' '행복한 진로 캠프' '나만의 진로 교과서 제작' 등의 프로그램을 운영한다.

'꿈! 만나다, 나누다, 이루다'는 꿈 키움 멘토링단을 구성하여 흥미와 적성이 비슷한 또래와 대학을 탐방하는 프로그램이다. '행복한 진로 캠프'는 1박 2일간 친구들과 함께하며 꿈에 대한 진솔한 대화를 나누는 프로그램이다. 그리고 '나만의 진로 교과서 제작'은 다양한 활동을 통해 자료를 수집한 뒤 나만의 포트폴리오를 만드는 프로그램이다.

교사도 한계를 극복할 수 있는 기회

첫 '독사'가 진행된 날, 꿈의 무한도전 학교를 방문했다. 무더위가 한풀 꺾인 9월 첫 주 토요일이었다. 꿈의 무한도전 학교 수업이 이루어지는 배곧고등학교는 새로 지은 학교답게 건물이 무척 깔끔했다. 2016년 3월에 개교했으니, 6개월밖에 안 된 따끈따끈한 학교였다. 그 때문에 전교생이 1학년으로만 구성되어 있다.

'독사'의 첫 수업이 이루어진 장소는 학교 도서관이다. 꿈의 무한도전 학교 전교생 25명이 초롱초롱한 눈을 빛내며 앉아 있었다. 꿈지기 교사인 전준표 국어 선생은 눈도 빛났지만 머리가 더 빛났다. 전 선생을 보자마자 나는 뜬금없이 빛나는 머리가 그의 인생에 어떤 작용을 할지 궁금했다. 잠시 뒤 나는 민머리가 전 선생에게는 콤플렉스일지 몰라도 분명 긍정적으로 작용할 것이라는 결론을 내렸다.

따지고 보면 전 선생의 빛나는 머리가 인연의 매개체였다. 두 달 전, 학생 스스로 만드는 꿈의학교 콘퍼런스인 '쇼미더스쿨'에서 그를 보곤 말을 걸어보고 싶다는 충동이 일었다. 예술가인 줄 알았는데 알고 보니 그는 국어 교사였다. 웃고 있지 않아도 선해 보이는 인상인데 잘 웃기까지 해서 나도 모르게 친근감이 느껴졌다.

게다가 그는 진솔했다. 10년 후 자기 모습, 즉 꿈이 무엇이냐는 물음에 그는 장학관이라고 솔직히 적었다. 교사의 꿈이 장학관인 것이 어쩌면 지극히 당연한 일인지도 모르지만, 그 사실을 여러 사람들 앞에서 솔직하게 밝히기는 어렵다. 실제로 꿈이 장학관이라 해도 대부분은 좀 더 겸손해 보이는 대답을 하기 마련이다.

이런 인연을 핑계로 내가 취재를 요청하자 전 선생은 흔쾌히 응했다. 가장 궁금했던 것은 바쁜 현직 국어 교사가 어떻게 꿈지기 교사까지 맡을 수 있는가였다. 혹시 나이나 경력에 밀려서인 건 아닐까.

"그건 아니고요!" 그는 너털웃음을 터뜨리며 꿈지기 교사에 자원한 까닭을 설명했다. 전 선생은 나이가 마흔이고 연구부장직을 맡고 있다. 이 정도 연령과 직급이니 적어도 '짬밥'에 밀려서 꿈지기 교사가 된 것은 아닌 듯싶었다.

"연구부장을 맡으면서 꿈의학교를 알게 됐어요. 새롭고 좋아 보였어요. 아이들뿐만 아니라 저한테도 도움이 될 거라고 생각했죠. 교직 생활을 하다 보면 계속 같은 일을 반복하게 되니 매너리즘에 빠지기가 쉬워요. 그러다 보면 스스로 한계에 부딪혔다는 느낌이 들게 됩니다. 어쩌면 그 한계를 극복하는 발판이 될 수 있겠다 싶었어요."

그는 꿈지기의 역할에 대해서도 분명한 방향과 소신을 갖고 있었다.

"말 그대로 지기, 지킴이인 것 같아요. 진로를 탐색하는 학교이니 꿈을 실현하기 위한 아이들의 노력을 지켜봐주는 역할이라고 할까요. 아이들이 직접 짠 계획서를 검토한 뒤 의견을 주고, 프로그램 진행할 때 옆에서 보조해주는 게 제 역할이에요. 예를 들어 도서관을 활동 장소로 사용하게 해주는 일 같은 거죠. 그 밖에 회계나 행정 처리 등도 도와줍니다."

거침없이 소신을 밝히는 아이들

아이들은 모둠별로 앉아 있었다. 마주 보고 있는 것을 보니 서로 이야기를 나눌 모양이었다. 물어보니 교육, 상경, 사회, 의료 같은 희망 직업군별 모둠이었다.

아이들 휴대폰은 한구석에 얌전히 놓여 있었다. 꿈지기 교사가 시킨 것도 아니고 아이들끼리 약속하지도 않았는데, 누가 먼저랄 것도 없이 알아서 그렇게 했다. 이 방침은 기특하게도 아이들이 학생회 대의원 회의에서 스스로 정했다고 한다.

특이한 점은 아이들이 대화를 나눌 때 같은 학년끼리도 서로 존댓말을 쓴다는 것이었다. '저도 ○○○ 학생 의견에 동의합니다'라는 식이다. 또래인데 왜 서로 존댓말을 쓰는 걸까?

"그래야 서로의 의견을 존중할 수 있을 것 같아서 우리끼리 그렇게 정했어요."

한 학생이 또박또박 대답했다. 참으로 놀라운 일은 아이들이 이 원칙을 철저하게 지킨다는 것이었다. 서로 약속했어도 말투를 갑자기 바꾼다는 게 어려운 일인데, 아이들 입에서 반말이나 그 흔한 비속어조차 한마디도 나오지 않았다. 혹시 모범생들만 모아놓은 건 아닌지 싶어 꿈지기 전준표 선생에게 아이들의 학교생활은 어떤지 물었다.

"학생회 임원을 맡고 있는 적극적인 아이도 있고, 학교생활에 좀 소극적인 아이도 있어요. 단순히 꿈의학교가 어떤 곳인지 궁금해서 온 아이도 있고, 진로에 관심이 있어서 온 아이도 있어요. 하나같이 모범생 같다고요? 그렇게 보이는 건 아마 아이들이 스스로 원해서 이곳에 왔기 때문일 거예요."

서로 존댓말을 하다 보니 말투는 온순해 보여도 그 내용은 거침이 없었다. 대놓고 현 교육제도와 교사들의 문제점까지 비판했다.

"인성 교육은 뒷전이고 암기 교육만 하고 있어요. 현행 교육은 학생들을 굴리면 되는 바퀴라고 생각하는 것 같습니다."

"수업 시간에 선생님들이 자꾸 '너 이거 배웠지?'라고 묻는데, 그럴 때마다 강요당하는 느낌이 들어요. 다 배웠는데 왜 그것도 모르냐는 말이잖아요. 이런 말 말고 더 잘 이해할 수 있게끔 수업 준비에 충실하셨으면 좋겠어요."

"그 많은 직업 중에서 고등학생들이 알고 있는 직업은 고작 20개 정도라고 합니다. 그러다 보니 학생들 직업 선택의 폭이 좁을 수밖에요. 학교에서 좀 더 많은 경험을 쌓게 해서 직업 선택의 길을 넓혀주고, 더불어 직업에 귀천이 없다는 사실도 알려줬으면 좋겠어요. 현실은 그렇지 못하다 보니 오로지 공부만 강요하는 것 같아요."

"학생들이 자기 생각을 조리 있게 밝힐 수 있어야 하는데, 그런 학습이
전혀 안 돼 있는 것도 문제입니다. 그러다 보니 논술까지 안 돼서 결국
그걸 따로 배우러 논술 학원에 가야 하는 거죠. 논술까지도 입시에 휩
쓸렸다는 느낌입니다."

'스스로 하기' 처음엔 어려워도 점점 재밌어

교사가 되려는 꿈을 가진 아이들은 야간자율학습에 관해 토론을 벌였
다. 토론은 한 학생의 다음과 같은 말로 시작됐다.

"말이 자율 학습이지 사실은 강제 학습이에요. 안 한다고 하면 담임 선
생님이 불러서 이유를 물으니까요."

꿈지기 교사도 합류하고 나도 질문을 던지며 끼어들자 토론에 불이 붙
었다.

기자 강제성이 있어서 하기 싫다는 말인가요?
학생1 그런 건 아니고요. 힘들긴 하지만 그날 배운 내용을 복습할 수 있

어서 도움은 됩니다.

꿈지기 교사 야간자율학습을 폐지하고 정말 자율적으로 학습하면서 스스로 커갔으면 좋겠는데, 그에 따른 책임을 질 준비가 되어 있지 않은 것 같아서 사실 걱정이야. 여러분이 생각하기에 스스로 책임질 준비가 되어 있는지?

학생 2 야간자율학습이 폐지되고 나서 만약 성적이 떨어지면 스스로 위기감을 느껴서 공부를 더 열심히 하려고 노력할 것 같아요.

학생 3 저는 성적이 한번 떨어지면 공부하기가 더더욱 싫어져요. 그래서 강제로라도 야간자율학습을 하는 게 좋다고 봐요.

학생 4 야간자율학습을 폐지해도 무언가 또 해야 할 것 같아요. 그럴 경우 활동도 해야 하고 학원 다니는 애들 따라잡으려면 공부도 해야 하니 이중으로 힘들 수 있어요. 근데 진짜 문제는 아무것도 하고 싶지 않은 아이들이 많다는 거예요.

꿈지기 교사 맞아, 그럴 수 있어.

학생 5 저도 아무것도 하고 싶지 않아서 그냥 야간자율학습 신청했어요. 하하하.

아이들 의견은 끝없이 이어졌다. 그대로 두면 밤을 새워도 모자랄 판이었다. 내친김에 몇몇 아이들에게 이 학교에 참여하게 된 계기 등을 물었다.

"교육에 관심이 많아요. 초등학교 교사가 제 꿈이고요. 초등학교 아이 들한테 수학, 영어, 역사 같은 과목을 가르치고 있는데, 이곳에서 학교 만들어서 운영하는 경험을 쌓으면 더 잘 가르칠 수 있을 것 같아서 참 여했어요." _이지헌, 고 1

"국어 선생님 되는 게 제 꿈인데, 책을 많이 읽고 진로에 관해서 진지 하게 고민하면 제 꿈을 실현하는 데 도움이 될 것 같아서 왔어요. 처음 엔 모든 것을 스스로 해야 한다는 게 부담스럽기도 했는데, 직접 해보 니 재미있어요." _김예림, 고 1

"전 검사가 되고 싶어요. 근데 그게 저하고 맞지 않으면 어쩌지 하는 걱정을 할 때가 많아요. 친구들과 이야기하면서 제 진로에 대해 진지 하게 고민해보고 싶어서 왔어요. 토의는 오늘 처음 했는데, 친구들이 말을 아주 잘해서 만족스러워요. 학교를 직접 운영하면서 선생님들의 마음도 어렴풋이 이해하게 됐고요."

_김한빈, 고 1, 배곧돌움을 위한 꿈의 무한도전 학교 교무부장

이날 이야기의 주제는 야간자율학습을 비롯한 교육 문제였다. 선정 도 서가 조정래 작가의 《풀꽃도 꽃이다》였기 때문이다. 이 책의 초점은 우 리 교육이 가야 할 길에 맞춰져 있다. 어린 학생들이 자신의 꿈을 선택 할 기회조차 얻지 못한 채 오로지 대학 진학만을 바라보는 현실을 진

단하며, 우리 교육의 미래를 제안한다.

앞서 언급했듯이 아이들의 날카로운 비판은 아마도 이 책을 꼼꼼히 읽은 덕분인 것 같았다. 살다 보면 책 한 권만으로도 마음의 키가 훌쩍 자라는 경우가 있다. 성장기 때 주로 겪는 일인데, 《풀꽃도 꽃이다》가 아이들에게 그런 경험을 선물했다는 느낌이 들었다.

수업 분위기가 나이답지 않게 진지했던 것은, 두말할 나위도 없이 학생들 스스로 원해서 왔고 스스로 만든 프로그램이기 때문이다. 꿈지기 교사도 마찬가지인데 스스로 원해서 하는 일이기에 금쪽같은 주말에도 웃는 얼굴로 일할 수 있는 것이리라.

학교에서 좀 더 많은 경험을 쌓게 해서
직업 선택의 길을 넓혀주고, 더불어 직
업에 귀천이 없다는 사실도 알려줬으면
좋겠어요. 현실은 그렇지 못하다 보니
오로지 공부만 강요하는 것 같아요.

신호등
꿈의학교

죽이 되든 밥이 되든 내버려둬

'초등학생이 학교를 만든다니 과연 가능할까? 보나 마나 학부모들이 다 알아서 해주겠지?'

초등학교 5·6학년이 주축이 되어 만들었다는 신호등 꿈의학교를 방문하기 전, 솔직한 내 심정이었다. 초등학교 5·6학년은 아직 어린 나이다. 열두 살 내 아들만 봐도 목욕한답시고 발가벗은 채 온 집안을 휘젓고 다니기 일쑤인 걸 보면. 같은 또래라면 너나없이 이럴 게 분명한데, 어른도 하기 힘든 학교 운영을 도대체 어떻게 한다는 걸까.

그런데다 이 학교에서 주로 하는 교육이 '통일'이라는 점도 눈길을 끌었다. 분단 상황에 대한 현실을 인식하고 통일의 필요성을 알게 한다는 것이 이 학교의 목표다. 사실 우리에게 가장 절실하고 시급한 문제가 통일 아닌가. 그럼에도 불구하고 통일 교육이 소홀하다는 생각을 늘 하고 있던 터였다. 내 어린 시절만 해도 반공 교육은 있었지만 통일 교육은 없었다. 요즘도 크게 다르지 않으리라.

이 학교의 목표는 신호등이라는 이름에 잘 나타나 있다. 학생들이 자그마치 한 달 보름을 의논해서 이름을 지었다고 한다. 신호등은 통일을 기다리고(빨강), 준비하고(노랑), 상상하자(초록)는 의미를 담고 있다.

커리큘럼을 보니 꽤 알차다. 우리의 근현대사와 더불어 분단 상황을 알 수 있는 프로그램으로 꽉 차 있다. 근현대사 및 한국전쟁 관련 역사 지식 수업처럼 교실에서 공부하는 프로그램도 있고, 백범기념관 방문 같은 체험 활동도 있다. 마을과 직접 연관이 있는 '마을 어른이 들려주는 6·25'라는 프로그램도 눈에 띈다. 철원 DMZ 체험 활동도 있다. 아이들이 DMZ를 방문하면 분단 상황을 더욱 실감할 수 있을 것이다.

이 학교는 '학생이 만들어가는 꿈의학교'다. 학생은 꿈짱 3명 포함 총 29명이다. 초등학교 5·6학년 21명과 중학생 8명으로 구성되어 있다. 그리고 남양주시 동아리 회장과 꿈짱 학부모 3명이 꿈지기 교사로 봉사하고 있다.

가을로 접어들기 시작한 2016년 9월의 마지막 일요일에 신호등 꿈의학교를 방문했다. 학교가 아니라 수업 장소인 광화문에 위치한 대한민국 역사박물관을 방문했다는 것이 더 정확한 표현이겠다. 그런데도 굳이 학교를 방문했다고 표현한 것은 배움과 가르침이 있으면 어느 곳이나 학교가 될 수 있다는 것이 꿈의학교의 철학이기 때문이다.

오전 11시가 되니 예정했던 대로 아이들이 박물관 로비로 쏟아지듯 들어왔다. 한순간에 왁자지껄 시끌시끌하다. 학교를 직접 만든 통 큰 아이들이니 초등학생이라도 좀 어른스러울지도 모르겠다는 기대는 무너졌지만, 사실 속으로는 더 흐뭇했다. 역시 아이는 아이다워야 정겹다.

아이들이 스스로 할 때까지 기다려야

박물관 로비에서 김영실 꿈지기가 나를 먼저 알아보고 반가운 웃음을 보냈다. 전화 통화만 두세 차례 했을 뿐 얼굴은 본 적이 없는데 어떻게 나를 한눈에 알아봤을까. 주위를 둘러보니 박물관 로비에서 누군가를 기다리는 표정으로 혼자 멀거니 앉아 있는 사람이 나밖에 없었다.

"아이들은 동아리 활동을 하다가 만났어요. 우연한 기회에 꿈의학교라는 걸 알게 됐고, 좋은 기회가 될 것 같아서 아이들과 부모님들한테 제안했어요. 29명의 학생들은 남양주 마을교육공동체 누리집을 통해 모집했죠. 꿈짱들이 와부초등학교에 다니기 때문에 그곳 아이들이 많아요. 와부초, 하남초 등 5개 학교 아이들이 참여했어요. 중학생도 8명 있고요."

알고 보니 신호등 꿈의학교는 지역에서 동아리 활동을 하는 김영실 꿈

지기가 뿌린 씨앗이었다. 그 씨앗을 꿈짱 학생과 꿈지기 학부모가 힘을 합해 발아시킨 것이다. '학생 스스로 정신'을 강조하는 꿈의학교이니만큼 무엇을 배울 것인지, 어떻게 배울 것인지는 아이들이 스스로 결정했다.

"통일과 역사 탐방, 다 아이들이 결정했어요. 요리를 할지, 그림을 그릴지, 음악을 할지 고민하다가 통일이 왜 필요한지 알아보기로 결정한 거죠. 와부초등학교에서 나라 사랑을 주제로 태극기 그리기 같은 프로그램을 하는데 그게 모티프가 됐어요. 그 활동 영역을 넓혀서 박물관도 가보고 토론도 한번 해보기로 한 거죠. 이 기간이 한 달 보름 정도인데, 저도 아이들과 함께 토론을 했어요. 견학 프로그램도 아이들이 짜고, 견학 준비도 아이들이 했고요."

아이들이 스스로 결정할 때까지 기다려주기가 힘들진 않았을까? 적극적으로 개입하고 싶지는 않았을까?

"아이들을 대상으로 동아리를 만들어 운영한 적이 있는데, 그때는 제가 모든 것을 결정했어요. 박물관 갈 때도 아이들 의사는 아예 묻지도 않았고요. 프로그램도 제가 다 짰어요. 문제는 아이들이 스스로 무언가를 할 줄 모른다는 거예요. 그때 동아리 활동을 함께한 아이들은 중학생이 된 지금도 잘 몰라요. 그냥 따라만 다녔으니까요.

하지만 꿈의학교 아이들은 이미 알고 있어요. 견학 장소부터 스스로 결정하고, 예약도 직접 했으니까요. 심지어 강사 섭외도 직접 했어요. 이것이 아이들이 살아가는 데 실질적인 도움이 되는 경험이라고 생각해요. 이 아이들이 중학생, 고등학생이 되면 이 정도 일쯤은 알아서 척척 하게 될 겁니다. 죽이 되든 밥이 되든 아이들을 믿고 지켜봤기 때문에 가능했죠. 든든한 아들과 딸을 원한다면 아이들이 스스로 할 때까지 참고 기다려야 합니다."

아이들이 다 알아서 하는데, 그렇다면 꿈지기가 할 일은 무엇일까?

"아이들이 할 수 없는 일이 있어요. 이를테면 교실 빌리기 같은 거요. 또 안전 지도나 강의실 뒷정리 같은 일도 서툴고요. 이럴 때 꿈지기의 손이 필요하죠. 특히 수업을 할 교실 빌리기가 참 어려웠어요. 아이들이 다니는 학교 교실을 빌리려고 슬쩍 운을 떼어봤는데, 학교 측에서 그리 달가워하지 않는 눈치여서 그만두었어요. 그래서 아파트 공동 시설을 빌려서 교실로 사용하고 있어요."

김영실 씨는 꿈지기 역할에 대체로 만족하고 있었다. 본인도 행복하냐고 묻자 주저 없이 "그럼요, 재미있으니까 하죠!"라고 시원하게 답했다. 생각해보니 어리석은 질문이었다. 보수를 받고 하는 일도 아닌데 재미와 보람이 없으면 왜 하겠나! 하지만 힘든 점도 물론 있다.

"공인된 단체도 아니고 그렇다고 학교로 인정받는 것도 아니어서 일하기가 정말 힘들어요. 오늘만 해도 본래 계획은 4·19 민주화 묘지 방문인데, 학교도 단체도 아니라는 이유로 거절당해서 급하게 변경한 거예요. 꼭 그러고 싶으면 29명 모두 개별적으로 방문하라고 하더라고요. 아직은 사람들이 꿈의학교를 잘 몰라서 생긴 일이죠.

또 일을 하다 보면 공문 보낼 일이 많은데, 그럴 때마다 교육청의 도움을 받아야 해요. 자원봉사 하는 학부모에게 봉사 점수를 줄 때도 교육청 직인이 필요하거든요. 직인이 찍혀야 자원봉사센터에서 봉사했다는 사실을 인정하기 때문이죠. 그러다 보니 일이 복잡해요. 그렇다고 당장 비영리 단체나 협동조합을 만들 수도 없고요."

원하는 일을 찾아서 해보는 경험

김영실 씨 외에 나머지 꿈지기는 모두 학부모다. 그중에는 워킹맘도 있었다. 일하면서 틈틈이 하려니 솔직히 힘들다고 이현우 꿈짱의 엄마, 손희진 꿈지기가 하소연한다. 너스레 떨듯 한 말이지만 엄살은 아닌 것 같았다.

"29명 아이들을 인솔하기가 너무 힘들어요. 빨리 끝났으면 좋겠어요."

힘든 이유가 하나 더 있다면, 그가 꿈지기이자 학부모이기 때문이다.

"내 아이와 아이의 친구들이 포함되어 있으니 더 잘했으면 하는 마음이 커서 오히려 힘든 것 같아요."

손희진 꿈지기는 아이들이 꿈의학교에서 무엇인가를 많이 얻어 가기를 바라고 있었다. 학부모다운 욕심이었다. 하지만 그가 바라는 것은 성적이 오른다든가 하는 것이 아니었다.

"꿈의학교가 끝날 때쯤에는 왜 우리나라가 분단됐는지, 왜 통일이 필요한지 아이들이 확실히 알면 좋겠어요. 그러려면 역사를 알아야 하기에 박물관 같은 곳을 찾아다니는 것이고요. 예전에 우리가 하던 방식인 무조건 외워서 하는 역사 공부보다는 훨씬 상세하게 알게 되겠죠? 백범 김구 같은 독립운동가들이 얼마나 힘들게 살았는지도 알았으면 좋겠어요."

가끔 학교 운영을 지켜보는 꿈지기들 사이에 의견이 엇갈리기도 한다. 아이들이 아직 어리니 전체적인 운영 방향을 꿈지기가 직접 챙겨야 한다는 의견도 있고, 죽이 되든 밥이 되든 그대로 둬야 한다는 의견도 있다. 그러나 무수한 시행착오를 거치며 결국 이들의 고민은 한 방향으로 수렴되는 듯했다. 아이들이 선택한 방향이 합리적인지 엉뚱한 방향으로 흐르진 않는지 체크하고 도움을 줄 필요는 있지만, 큰 틀에서는 아이들을 믿고 보조하는 역할을 확대하자는 쪽으로 말이다.

꿈짱들은 그들 스스로 한다는 것에 대해 부담이 컸지만 그만큼 자부심을 느끼고 있었다. 그리고 꿈의학교에서 하는 역사 수업을 무척 긍정적으로 바라봤다.

"실내 수업을 준비할 때가 제일 힘들어요. 의자 나르고 책상 나르고. 역사 수업을 하면서 우리 조상들이 지금보다 힘들게 살았다는 것을 느낄 수 있었어요." _이현우, 와부초

"다른 사람을 이끌고 계획을 직접 짜는 일이 힘들긴 하지만 재미도 있어요. 4·19혁명이 부정선거 때문에 일어났다는 사실을 알게 됐고, 이 일로 이승만 대통령이 물러났다는 것도 알게 됐어요." _김서영, 와부초

"사회책에 간단하게 나와 있는 부분을 자세히 알게 돼서 기뻐요. 기억에 오래 남을 것 같아요. 선생님이 지도하지 않고 우리가 원하는 일을 직접 해볼 수 있어 좋은 기회라고 생각해요." _곽수진, 와부초

박물관 관람이 거의 끝나면서 고만고만한 아이들의 본색이 드러났다. 아이들은 삼삼오오 짝을 지어 갑자기 어디론가 사라졌다. 그러고는 또 어디선가 나타나 아무 일도 없었다는 듯한 표정으로 두런두런 이야기

를 나눴다. 까르르하며 쉴 새 없이 웃기도 했는데, 이 소리를 1시간 넘게 듣다 보니 갑자기 머리가 멍해지기도 했다.

덕분에 꿈지기들의 눈은 계속 바빴다. 갑자기 사라진 아이를 찾느라 분주했고, 인원 체크를 하느라 목청을 높이기도 했다. 한시도 긴장을 늦추지 못하는 것이다. 탐방하기 전 사전 답사가 필요한데 그것도 꿈지기가 해야 할 일이다.

상황이 이렇다 보니 신호등 꿈의학교가 학생 스스로 만들어 운영하는 꿈의학교인지, 학부모가 운영하는 꿈의학교인지 그 구분이 모호하다는 생각도 들었다. 하지만 어쩌면 그러한 구분 자체가 의미 없는 일인지도 모른다.

중요한 것은 무엇을 배울지, 어떻게 배울지를 아이들 스스로 결정한다는 사실이다. 아이들은 스스로 하기 위해 끊임없이 노력하고 있고 학부모는 이를 적극 지원하고 있다. 아이들이 스스로 만들어가는 학교인 신호등 꿈의학교의 미래가 밝은 이유이다.

꿈의학교 아이들은 이미 알고 있어요.
견학 장소부터 스스로 결정하고, 예약
도 직접 했으니까요. 심지어 강사 섭외
도 직접 했어요. 이것이 아이들이 살아
가는 데 실질적인 도움이 되는 경험이
라고 생각해요.

공양미 삼백석 심봉사
꿈의학교

잘될까? 잘할까? 걱정 마세요

공양미 삼백석 심봉사 꿈의학교의 수업 활동에 학생들과 함께 참관하기로 했다. 심봉사는 '학생이 만들어가는 꿈의학교'다. 그날 수업 장소는 안양 박달동에 있는 일흔일곱 김서희(가명) 할머니 댁이었다.

먼저 꿈지기 교사가 할머니에게 설거지거리라도 있으면 달라고 했다. 할머니는 입가에 관음보살 같은 미소만 지으며 "식구가 없으니 설거지라고 뭐 할 게 있어야지"라며 정중하게 거절하신다. 식구가 할머니를 포함해 둘뿐이니 단출하긴 하다. 작은 방에 30~40대로 보이는 남자가 누워 있었는데 할머니의 아들 같아 보였다. 몸이 많이 불편한지 여러 사람들이 웅성거리는데도 침대에서 내려오지 못하고 꿈틀대기만 했다. 몸도 많이 야윈 상태였다.

수줍음 많은 소녀라는 사실을 증명하려는 듯 함께 간 아이들은 쉽사리 입을 떼지 않았다. 말없이 서로 얼굴을 바라보다가 누군가 킥 하고 웃으면 쿡 하고 따라 웃을 뿐 좀처럼 말을 하지 않았다. 아무래도 또래끼리가 아니라서 그런 것 같았다. 게다가 인터뷰를 하러 온 낯선 내가 있으니 말문을 트기가 더 어려운 것 같았다.

"할머니 저희 보고 싶었죠?"

대화의 물꼬를 배서은(취업 준비생) 멘토가 텄다. 응석을 부리는 듯한 말투였다. 이 말을 하며 할머니의 손을 맞잡자 주름진 얼굴이 확 펴졌다.

"일요일인데 늦잠도 못 자고 할머니 보러 오느라 애썼어. 정말 이뻐."

알고 보니 할머니는 소통의 고수였다. 이렇게 말하며 배서은 씨 등을 토닥이자 한 평 남짓한 방 안에 그제야 미소가 피어올랐다.

멘토는 2명이었는데 배서은 씨와 언니 배서한(휴학생) 자매였다. 서은 씨는 언니 서한 씨를 따라 봉사 활동을 시작했다. 서한 씨의 남동생도 함께 봉사 활동을 하는데, 그날은 오지 않았다. 자매는 심봉사 꿈의학교가 학생들이 스스로 만들어 운영하는 학교라는 사실을 잘 알고 있었다.

학생들이 지은 학교 이름 '심봉사'

김혜영 꿈지기가 이날 수업에 참관했는데, 사실 이런 일은 거의 드물다. 취재를 돕기 위한 특별한 배려였다. 학생 스스로 정신을 강조하는 학교이니만큼 꿈지기는 물론, 멘토도 없이 학생들끼리 수업을 하는 경우가 많다.

심봉사는 봉사하기 위해 만든 학교다. 학생이 직접 지었다는 학교 이름에 '봉사'라는 의미가 녹아 있다. 심봉사의 '심'은 한자 마음 심心이다. 즉, 마음을 다해 봉사를 하자는 의미다. 공양미 삼백석은 심봉사와 밀접한 관계가 있는 구절이라 이름에 포함됐다. 별다른 의미는 없다.

봉사가 목표이니 수업은 당연히 봉사 활동으로 이루어진다. 홀로 사는 할머니, 할아버지의 말벗이 되어드리는 일인데, 말벗뿐 아니라 그들의 이야기를 책과 영상으로 기록도 한다. 작은 자서전을 대신 만들어주는 것이다.

10대 아이들과 독거노인의 만남. 열대여섯 살 아이들이 노인들과 어떻게 대화하는지도 궁금했고, 그 굴곡진 삶을 어떻게 이해할지도 무척 궁금했다. 하지만 낯설어하는 아이들은 할머니와 조곤조곤 이야기하는 모습을 좀처럼 보여주지 않았다. 인사말 같은 대화 이외에는 어색한 정적이 흘렀다.

시간이 지나자 아이들은 점점 마음을 열고 할머니와 대화를 나누기 시작했다. 아이들은 어르신과 이야기를 하면서 많은 것을 느꼈다고 했다.

"지금보다 훨씬 힘들게 사신 것 같아요. 하지만 할머니의 어린 시절이 지금의 우리 모습과 비슷한 점도 있는 것 같아요." _이한, 인덕원고

"전쟁 이야기도 듣고, 음식도 함께 먹어서 기뻐요. 할머니도 외로우시니까…… 손녀 같은 저희가 와서 기뻐하시는 것 같아 즐거워요."

_이하영, 평촌중

어르신의 굴곡진 삶을 기록하는 아이들

할머니의 인생, 그 사연 많고 굴곡진 삶을 아이들은 어떻게 이해하고 기록해낼까?

"전쟁 때 나는 열몇 살, 아주 어렸지. 군인들이 오면 할머니가 나를 풀숲에 감추어놓았어. 군인들이 가고 난 뒤 할머니가 나오라고 하면 나오고. 고향이 제주도였어. 일본 군인들이 왔을 때는 더 어렸지. 산 위에 살아서 전쟁 때 산 밑으로 피난을 갔는데, 갔다 와보니 집이 다 타고 없어져서 다시 집 짓느라고 고생 많았지. 그래서 학교도 제대로 못 다녔어. 열일곱 살에 동네 언니들 따라서 여기 안양으로 돈 벌러 왔고. 금성방직이었는데 하루 3교대도 하고 바쁠 때는 하루 12시간을 꼬박 일한 적도 있지. 정말 고생 많이 했어. 결혼했는데, 못 살고 뛰쳐나와서 혼자 살았어. 혼자 살면서 고생 많이 했지. 지금 아픈 애하고 둘이 살고 있어. 당뇨에 걸려서 빼빼 말랐어. 걸음도 못 걸어."

할머니의 말씀엔 거침이 없었지만 주로 개인사에 관한 이야기일 뿐이다. 당시의 역사적 사실에 대한 설명은 빠져 있다. 할머니가 이야기한 전쟁은 제주 4·3사건(1948~1954)이다. 육지에서 온 경찰과 서북청년단, 군인이 주로 산에서 활동한 저항군을 토벌했으니, 할머니가 언급한 군인은 저항군이거나 경찰 혹은 국군이다. 한국전쟁 때는 인민군이 제주도에 발을 들인 적이 없다.

상황이 이런데 과연 아이들이 할머니의 자서전을 제대로 기술할 수 있을까? 어쩐지 어려울 것 같았다. 아무리 개인사를 다루는 자서전이라지만 그 개인사를 둘러싼 현대사를 제대로 알지 못하면 정확하게 쓰기가 어렵기 때문이다. 물론 역사적 사실을 빼고 쓸 수도 있겠지만 그렇게 되면 만족스러운 결과물을 얻기 힘들 것 같았다. 나만의 기우일까?

"저희가 다 알아서 할게요"

이 학교의 김혜영 꿈지기는 바이올린을 전공한 음악가다. 소셜워크의 문화예술단장으로 활동하다가 꿈의학교와 인연을 맺게 되었다.

그는 2015년에 '학생이 찾아가는 꿈의학교'를 운영한 경험도 있다. 그래서 '학생이 찾아가는 꿈의학교'와 '학생이 만들어가는 꿈의학교'의 경험이 어땠는지 비교해달라고 부탁했다. 그는 솔직히 둘 다 어려운 학교라고 운을 뗐다.

"저에게는 둘 다 어려웠어요. '학생이 찾아가는 꿈의학교'는 한마디로 아이들이 교사에게 무엇인가를 배우는 학교예요. 악기 다루는 법도 가르치고 악기 만드는 체험도 했는데, 아이들이 참 신기해했어요. 그런 점에서는 만족스러웠지만 아이들을 관리하고 가르쳐야 한다는 부담이 있었어요.

'학생이 만들어가는 꿈의학교'는 아이들이 스스로 준비하고 결정해야 하는 학교입니다. 방문할 곳도 아이들이 직접 결정하고 책을 만들 계획도 직접 세우죠. 저는 아이들이 할 일을 던져놓기만 하는데 그래서 사실 조금 불안하긴 합니다. 과연 잘될까, 잘할까? '학생이 찾아가는 꿈의학교'는 제가 다 관리를 하니 불안감 같은 것은 없었거든요."

김혜영 꿈지기는 심봉사 꿈의학교 개교 때부터 '스스로 정신'을 강조했다고 한다. 옆에서 도와준다고 하면 아이들이 기댈 것 같아서다.

"언젠가 '책 기획도 너희들이 스스로 해야 해'라는 문자를 보냈어요. 그랬더니 이 방침이 효과를 봤는지 '저희가 다 알아서 하고 싶었는데 정말 다행이네요'라는 답이 와서 깜짝 놀랐어요."

대부분의 일은 아이들 스스로 하지만, 그래도 꿈지기가 할 일이 많다. 전반적인 학교의 운영 방향을 정리해주고, 강의가 필요할 경우 강의 시간 등을 잡아준다.

학생은 총 20명인데 구성원이 다양하다. 학업 성적이 우수한 아이들이 모인 외고에 다니는 아이도 있고, 학과 공부보다는 다른 공부에 관심이 많은 실업계 고등학교에 다니는 아이도 있으며, 중학생도 있다. 김혜영 꿈지기는 아이들의 학교생활이 대체로 적극적이고 모범적이라고 했다.

독특한 발상으로 완성한 자서전

첫 만남이 있고 두 달 뒤, 아이들이 어르신들의 자서전을 완성했는지 궁금했다.

"거의 다 써가고 있어요. 디자인도 아이들이 직접 하고 있고요. 근데 생각보다 만만치 않은 일인가 봐요. 아이들이 거의 머리를 쥐어짜는 걸 보면요."

김혜영 꿈지기에게 아이들이 쓴 글을 먼저 살짝 볼 수 있겠느냐고 묻자 그는 원고를 보내왔다. 보름 뒤에 책으로 만들어질 귀중한 원고였다. 사연 많은 어르신들의 자서전을 쓰는 일이 무척 버거울 거라는 내 추측은 그야말로 기우였다. 일반적인 자서전 형식은 아니지만, 아이들은 자신만의 독특한 시각으로 어르신에 관한 글을 완성했다.

할아버지가 빼놓지 않고 말씀하신 것은 공부다. 그러면서 할아버지의 학창 시절 이야기를 해주셨는데, 주로 집안 사정이 어려워 중학교를 자신의 힘으로 다녔다는 이야기였다. 공부를 하면 꿈을 이룰 가능성이 더 많다는 것을 뼈저리게 느끼셔서 그런지, 우리들이 잘되기를 바라는 마음으로 공부를 강조하신 것 같다. 우리에게 인생 대선배로서 말씀해 주신 것에 대해 무척 감사한 마음이 들었다. 하지만 가끔 할아버지가 공부나 학창 시절에 대해 미련과 후회를 가지고 계신 것 같아 안타까웠다. _2모둠이 쓴 자서전

할머니는 젊은 시절 마몽드라는 화장품 회사에 다니셨다. 큰 자부심을 갖고 일을 하셨고, 그 일을 지금도 사랑하고 있다. 할머니는 자신이 젊을 때 사람들을 만나는 것을 좋아하고 활달했기에 지금도 이렇게 밝게 지낼 수 있는 거라고 하셨다. 할머니는 뛰어난 유머 감각의 소유자시다. 한번은 우리에게 엄마라고 부르라 하셨다. 그러면서 할머니는 우리를 보자마자 딸들이라고 불렀다. 아직은 어색해서 우리가 계속 할머니라고 부르자 "예끼, 이놈!" 하며 웃으셨다. 할머니의 이런 유쾌함 덕분에 항상 웃음이 끊이질 않았다. _4모둠이 쓴 자서전

4장

마을에서
꿈을 키울 수 있어

오만가지 즐거운
꿈의학교

엄마가 교장, 아빠가 교사, 마을이 학교

꿈을 굴리는 자전거 교실, 대야미 크로우즈 야구클럽, '나도 예술가' 청소년 예술교실, 숲속 생태교실, 야생동물 생태교실, '정글의 법칙' 에너지 교실, 꿈의 공작소, 수리산 별밤지기 교실, 청소년 협동조합 유스쿱.

군포 대야미에 있는 오만가지 즐거운 꿈의학교에서 진행하는 교육 프로그램들이다. 대부분의 꿈의학교가 하나의 교육 프로그램을 가지고 진행하는 것과 비교하면 정말 놀랍다. 서로 다른 아홉 가지 프로그램을 보면 왜 이 학교 이름에 '오만가지'라는 수식어가 붙었는지 묻지 않아도 알 수 있었다.

다양한 교육 프로그램이 가능한 이유는 학생 수가 다른 꿈의학교에 비해 월등히 많기 때문이다. 정원이 200여 명이니 일반적으로 20~50명 정도로 구성되는 꿈의학교에 비해 4~10배나 많다.

이렇게 많은 수의 학생을 오만가지 즐거운 꿈의학교에 참여시킬 수 있는 또 다른 비결은 군포 대야미에 마을교육공동체가 이미 만들어져 있었기 때문이다. 교육에 관심이 많은 주민들이 아이를 매개로 서로 교류하다가 지난 2014년에 대야미 마을교육공동체를 만들었는데, 바로 이 단체가 오만가지 즐거운 꿈의학교의 운영 주체인 것이다. 이 공동체와 함께 대야미 마을협동조합 꿀참나무도 학교를 뒷받침하고 있다.

이 학교가 있는 대야미는 산본 신도시에서 자동차로 10분 거리에 있는 도·농 복합마을이다. 이곳에는 혁신학교와 일반 학교 외에 공동육아학교와 대안학교까지 다양하게 존재한다. 교육에 대한 다양한 관심과 욕구가 두드러져 보이는 마을이다. 이런 교육열이 오만가지 즐거운 꿈의학교의 바탕을 이루고 있다.

온 마을이 아이를 함께 키운다

한둘도 아닌 아홉 가지 교육 프로그램을 한 학교에서 진행한다는 것이 놀랍긴 한데, 과연 잘 운영되고 있을까? 이런 궁금증을 안고 한적한 마을 대야미로 향했다. 문을 열고 들어서자 깔끔하고 아기자기하게 단장한 50평 남짓의 공간이 눈에 들어왔다. 아담해 보이긴 했지만 오만 가지 교육을 하기엔 턱없이 작아 보였다.

강선영 교장과 청소년 협동조합 유스쿱 전담 김기홍 강사를 만나기로 약속한 날, 마침 경기도교육청 꿈의학교 담당 윤계숙 장학관이 직원들과 함께 오만가지 즐거운 꿈의학교 임원들을 대상으로 중간 컨설팅을 하고 있었다.

귀 기울여 들어보니 꿈의학교의 기본인 '학생 스스로 정신'과 '온 마을이 함께 아이를 키운다'는 마을교육공동체 정신의 실현 방향이 주된 내용이었다.

"마을교육공동체에서 원래 해오던 일인 데다, 담당자들이 각자 알아서 잘하고 있어요. 프로그램마다 전문 강사도 있고, 무엇보다도 학부모들의 참여가 활발하다는 게 큰 장점이죠. 전문 지식이 있는 학부모는 강사로 활동하고, 그 외 학부모는 학습 도우미로 참여하고 있어요. 저도 물론 학부모고요."

오만 가지 교육 프로그램을 진행할 수 있는 비결을 묻자 강선영 교장은 '학부모의 활발할 참여'를 강조했다. 야구 같은 경우에도 학부모들이 감독, 코치는 물론 경기 진행 도우미까지 맡는다. 청소년 협동조합 유스쿱 강사이자 야구 감독으로 활동하고 있는 김기홍 강사의 두 아들도 야구 교실 학생이다.

이날 하루 오만가지 즐거운 꿈의학교는 야구와 자전거, 야생동물 생태

교실, 청소년 협동조합 수업을 진행했다. 수업을 하는 시간과 장소가 프로그램마다 다르기 때문에 여러 수업을 한꺼번에 진행할 수 있었다. 앞서 말했듯 오만 가지 교육을 진행하는 힘의 원천은 마을교육공동체이며, 그 탄탄한 토대 위에 학교가 세워졌다. 이미 활발한 활동을 하고 있는 대야미 마을교육공동체에 경기도교육청이 추진하는 꿈의학교 사업이 날개를 달아준 셈이다. 강 교장도 이 사실을 잘 알고 있었다.

"예전부터 여러 가지 수업을 하고 있었지만, 꿈의학교에 선정되지 않았다면 이 정도 규모가 되기는 어려웠겠죠. 일단 교육에 참여하는 아이들이 두 배 이상 늘었으니까요. 예산이 지원되니 전문 강사를 모실 수 있다는 게 가장 좋은 점이에요.
또 많은 사람들이 우리 마을교육공동체와 협동조합을 알고 있다는 게 큰 도움이 됩니다. 덕분에 조합원도 늘어나고 있고요. 올해는 씨를 뿌린다는 생각으로 하고 있어요. 내년쯤이면 정말 큰 공동체로 발돋움할 것 같아요."

이미 마을교육공동체를 이루고 있어서 그런지 학생들 모집도 수월했다. 인기가 많은 야생동물 생태교실이나 수리산 별밤지기 교실은 1~2분 만에 마감됐다. 야구는 마감이 됐는데도 계속 추가 모집 문의 전화가 오기도 했다. 그래도 다른 교육 프로그램이 많이 남아 있어서 덜 미안했다고 강 교장은 말한다.

"모집에서 떨어진 부모 입장에서는 못내 분한 일이거든요. 신청하려고 했더니 벌써 마감이라고 뜨면 굉장히 속상하죠. 그러면 교육청에서 지원 받아서 엄한 데 쓰는 거 아니냐는 등 뒷말이 나올 수도 있어요. 다행히 교육 프로그램이 많으니까 원하는 쪽이 안 되면 다른 쪽에 지원하게 하고, 그래도 안 되면 대기자로 올려서 빈자리를 채우는 식으로 대부분 다 받아들였어요."

직접 보고 체험하는 생태교육

강선영 교장과 인터뷰를 마치고 야생동물 생태교실 수업 현장에 들렀다. 대야미 갈치저수지 인근이다. 여름의 끝자락과 가을 문턱 사이의 날씨라 햇살은 따가웠지만 바람은 시원했다. 작은 수로 주변에 아이들이 빙 둘러서 있고 마침 개구리 낚시를 하는 중이었다. 아이들 틈에 섞여 있는 구준희 강사는 자연환경복원연구원에서 근무하는 야생동물 전문가다.

"개구리는 움직이는 것에 무조건 반응해요. 보세요." 그는 이렇게 말하며 풀대를 개구리 입 주변에 갖다 대고 살랑살랑 흔들었다. 그의 말대로 개구리는 풀대를 덥석 물었다. 얼마나 세게 물었던지 풀대를 들어 올렸는데도 쉬 떨어지지 않고 대롱대롱 매달려 있다. 한 아이도 구 강사와 같은 방법으로 개구리 낚시에 성공했다.

구 강사는 아이들의 다양한 의문과 반응에 성실하게 응대했다. 정식으로 손을 들어 질문하지 않고 혼잣말로 중얼거려도 성의 있는 답변으로 궁금증을 풀어주었다. 아이들 옆에서 구경하던 내가 "풀대만 있으면 개구리는 얼마든지 잡겠네"라며 신기해했더니, "개구리는 양서 파충류라 포획 금지 대상이에요. 정말로 잡으면 큰일 나요!"라고 일러줬다. 구 강사의 말이 떨어지자마자 아이들 사이에서 "아하" 하는 탄성이 흘러나왔다. 고개를 끄덕이는 아이도 있었다. 함부로 개구리를 잡으면 안 된다는 사실을 나도 이날 처음 알게 됐다.

잠시 뒤 몸에 붉은빛이 감도는 잠자리 한 무리가 날아들자 한 아이가 "와, 고추잠자리다!"라고 소리 질렀다. "이건 고추잠자리가 아니라 고추좀잠자리야!" 구 강사, 이번에도 재빠르게 바로잡아준다. 그는 이날 손가락 위에 고추좀잠자리를 착륙시키는 묘기도 선보였다.

야생동물 전문가인 구준희 강사와 함께한 시간이 아이들에게 재미있고도 소중한 시간이었음이 분명해 보였다.

"개구리가 살아 있는 곤충을 잡아먹고 산다는 것과 풀대로도 개구리를 잡을 수 있다는 게 참 신기했어요. 직접 해볼 수 있어서 더 재미있었고요. 하지만 모기에 많이 물린 건 단점이에요, 하하하." _김태은, 둔대초 3

오만가지 즐거운 꿈의학교는 '온 마을이 함께 아이를 키운다'는 마을교육공동체 정신의 모범 답안 같은 학교였다. 마을에서 교육이 이뤄지고,

엄마와 아빠, 이웃, 즉 마을 사람들이 교장이고 교사였다. 무엇보다 이들이 잘 화합하고 있다는 게 강점이었다. 마을 전체가 학교인 것이다.

이 정도면 아이가 잠시 길을 잃어도, 부모가 그 길을 찾아주지 못해 잠시 헤매도, 그리 위험하지 않을 것 같았다. 마을이 아이를 돌봐줄 것이고, 마을이 부모에게 길 찾는 법을 귀띔해줄 테니 말이다.

군포
꿈의 개그학교

어른이 꿈을 내려놓아야 아이들이 꿈을 꾸어요

"행복해서 웃는 게 아니라 웃기 때문에 행복한 것이다."

이미 잘 알려진 놀라운 웃음의 힘에 관한 말이다.

그뿐인가? 웃음은 우울증도 극복할 수 있고 다이어트에도 탁월한 효과가 있다고 알려져 있다. 이 좋은 웃음을 누군가 매일 만들어낸다면 얼마나 좋을까. 군포 꿈의 개그학교는 이 꿈 같은 일을 현실로 만들기 위해 설립됐다. 설립 주체는 군포 YMCA다.

이 학교가 문을 연 것은 2015년. 경기도교육청이 추진하는 꿈의학교 공모에 선정됐다. 당시 총 40명의 학생을 모집할 계획이었지만 지원자가 많아 42명(초등학생 26명, 중고생 16명)으로 출발했다.

대부분의 꿈의학교와 마찬가지로 이 학교도 학생들이 직접 교육 프로그램을 결정했다. 꿈의학교 바탕에 깔려 있는 '학생 스스로 정신'을 실현하기 위해서다. 교육 프로그램은 대본 쓰기, 상황극 만들기 등 다양하다. 2박 3일 캠프도 마련돼 있다. 8개월간의 수업을 마칠 즈음에는 졸업 작품 격인 '꿈의 개그콘서트'를 무대에 올린다.

이 학교는 마을 주민들로 구성된 운영위원회도 갖추고 있다. 마을 전체가 힘을 모아 아이들을 키운다는 마을교육공동체 정신을 구현하기 위해서다. 운영위원은 총 6명으로 교사, 기자 등 다양한 분야의 종사자들로 구성돼 있다. 이들이 꿈의 개그학교 운영 책임자와 함께 학생들을 돕는다.

개교식 날에 맞춰 학교를 찾았다. 무더위가 몰려오기 전인 여름 문턱이었다. 개교식장인 군포교육지원청 강당은 학생과 학부모들로 가득했다. 어림잡아 100명은 넘어 보였는데, 놀라운 것은 100여 명이 모인 강당이 10명 정도 모인 것처럼 조용하다는 점이었다.

주민들이 참여하는 마을교육공동체

'웃기는 사람'을 키우기 위해 문을 여는 학교라지만 그렇다고 해서 개교식까지 웃기지는 않았다. 오히려 남을 웃기려고 모인 사람들이 이래도 될까 싶을 정도로 진지했다. 하지만 개교식이 끝나자마자 진행된 오리엔테이션에서 최승태 강사(개그맨)가 마이크를 잡으면서부터 상황이 달라졌다.

"선생님, 우리나라에 개그맨이 몇 명이나 돼요?"

"유명한 개그맨 누구누구 아세요?"

학생들의 질문 공세가 싫지 않은 듯 최 강사는 장난기 어린 질문에 재치 있게 대답했다.

"개그맨이 몇 명이나 되는지 그게 왜 궁금해요? 유명한 개그맨들 다 알아요. 원한다면 수업 시간에 다 불러줄게요."

이 말이 떨어지자 학생들은 "와" 하고 환호성을 질렀다.

"개그맨이 되려면 어떤 자격증을 따야 해요?"

이 질문에 개교식장은 웃음바다가 됐다. 그러나 최 강사의 대답은 진지했다.

"이게 우리나라의 교육 현실인 것 같아 안타깝네요. 개그맨 되는 데는 자격증 같은 거 필요 없어요. 그냥 열심히 하면 돼요. 자격증이 있어야 인정받는 사회가 참 안타깝네요. 자격증이 없어도 얼마든지 자기 꿈을 펼칠 수 있어요. 앞으로 그런 사회가 올 꼭 거예요.

학교는 즐거워야 하는데, 언제부턴가 학교라는 데가 가기 싫은 곳이 돼버려서 참으로 씁쓸해요. 꿈의 개그학교를 여러분이 정말 오고 싶은 곳으로 만들고 싶어요."

© 군포 꿈의 개그학교

내가 행복해야 남도 웃길 수 있어

음악도 미술도 체육도 있는데, 군포 YMCA는 왜 굳이 '개그'라는 독특한 소재로 학교까지 만들 생각을 했을까? 꿈의 개그학교 운영을 책임지고 있는 이우천 군포 YMCA 사업팀장에게 그 이유를 물었다.

"꿈의학교라면 아이들 스스로 행복하고 재미있어야 한다고 생각했고, 거기다가 남까지 웃길 수 있다면 더없이 좋을 것 같아서 시작했어요. 이 아이들 가운데 미래에 개그맨이 나온다면 더 바랄 것도 없고요. 당장 눈앞에 있는 목표는 '꿈의 개그콘서트'를 성공적으로 여는 것이지만, 최종 목표는 아이들에게 행복감을 안겨주는 겁니다. 그래서 아이들의 표정 변화를 살펴보기 위해 수업이 진행되는 8개월 동안 수시로 얼굴 사진을 찍어놓을 계획이에요."

최승태 강사의 목표도 이 팀장과 다르지 않았다.

"개그맨이 꿈인 친구도 있고, 다른 이유로 온 친구도 있어요. 사실 8개월 공부해서 개그맨이 되는 건 어려운 일이겠죠. 하지만 적어도 꿈을 가지고 있고, 그 꿈을 실현하기 위해 노력하는 일이 얼마나 행복한 것인지 느끼게 해주고 싶어요."

내친김에 최 강사에게 남 웃기는 비법을 소개해달라고 졸랐다. 최 강사는 개그맨에게는 영업 비밀과도 같은 웃음 비법과 함께 개그 예찬까지 풀어놓았다.

"우선 내가 행복해야 해요. 그래야 남을 웃길 수 있어요. 종종 자살하는 연예인들이 뉴스에 나오는데, 그중 개그맨은 한 명도 없어요. 개그맨은 남을 웃기기 위해 자신이 먼저 행복해지는 법을 배우기 때문이에요. 또 상대방에 대한 배려가 있어야 하는데, 배려가 개그의 기본입니다. 상대방의 기분을 모르면 절대로 웃길 수 없거든요.

사실 개그는 죽을 때까지 써먹을 수 있는 재주예요. 커뮤니케이션을 하는 데 웃음만 한 게 없기 때문이죠. 웃음을 주면 상대방은 그대로 무장해제 됩니다. 자기도 모르게 웃음을 던져준 사람을 믿게 되는 거죠."

아이들이 스스로 이뤄낸 기적

개그맨으로서 그리고 개그를 가르치는 교육자로서 최 강사의 꿈은 음악이나 미술처럼 개그를 학교 교육과정에 정식 교과목으로 넣는 것이다. 그래서 최 강사는 지금 《개그학개론》이란 책을 준비하고 있을 정도로 열정이 많다.

꿈의 개그학교를 선택한 아이들이 모두 개그맨이 되고픈 꿈을 가지고

있는 건 아니다. 교사가 되고 싶은데 유머 감각을 키우면 도움이 될 것 같아서 온 친구도 있고, 남들 앞에서 자신 있게 말하는 훈련을 하고 싶어서 온 친구도 있다. 이렇게 모두 서로 다른 배경과 이유를 갖고 있다 보니 개교 3개월 만에 위기가 찾아오기도 했다.

"아이들이 직접 만드는 개그 공연을 목표로 삼았어요. 그런데 짧은 기간에 비해 제 꿈이 너무 컸나 봐요. 정말 열과 성의를 다해 가르쳤는데, 3개월이 지나도 아이들이 나아지는 게 없는 거예요. 도저히 공연을 할 수 없는 상황이었어요. 개교 3개월 만에 그 꿈을 포기했죠.
그런데 제 꿈을 접고 한 발 물러서서 지켜보니 아이들이 달라지는 모습이 보이는 거예요. 제가 나서서 열심히 가르칠 때는 '오늘은 뭘 해요?'라고 질문하던 아이들이 '선생님, 오늘은 발성 연습해요'라며 자발적으로 바뀌기 시작하더라고요. 스스로 알아서 콩트도 짜고 연습까지 해오고요. 교사가 꿈을 내려놓아야 아이들이 꿈을 꾼다는 사실을 그때 알게 된 거죠. 아이들은 기다려주기만 하면 뭐든지 다 할 수 있어요."

교사가 꿈을 내려놓아야 아이들이 꿈을 꾼다! 꿈의학교의 핵심인 '학생 스스로 정신'이 이 말 속에 전부 녹아 있는 듯했다. 공연의 성공 여부를 떠나 이 정신을 실현했다는 것만으로도 이미 성공인 것이다.
실패할 줄 알았던 실험은 아이들의 자발적인 노력과 그 아이들의 꿈을 믿은 교사의 애정으로 결실을 맺었다. 개그 공연은 대성공이었다. 400

석 객석이 가득 찼고 아이들은 1시간 30분 동안 개그맨 못지않은 멋진 공연을 펼쳤다. 아이들이 스스로 이루어낸 기적이었다.

꿈★담
자연요리학교

꿈을 만들고 꿈을 나누는 인생 학교

넓지도 좁지도 않은 50여 평의 맞춤한 공간. 단정해 보이는 흰 가운에 주황색 앞치마를 두른 아이들이 분주하게 움직이고 있었다. 한창 말 많은 중·고등학생 30여 명이 한곳에 모여 있다 보니 도무지 정신을 차릴 수 없을 정도로 왁자지껄했다.

아이들은 쉴 새 없이 조잘댔지만 표정만큼은 무척 진지했다. 자세히 보니 눈에 눈물이 고인 아이도 있고 아예 눈물을 줄줄 흘리는 아이도 있었다. 요리를 하기 위해 서툰 솜씨로 양파를 썰면서 흘리는 눈물이었다. 아이들 사이사이에 어른들도 끼어 있었는데, 그들도 아이들 못지않게 바빠 보였다. 아이들이 행여 손가락이라도 벨까 봐 걱정스러운 눈치였다.

30대 초반으로 보이는 요리 강사의 칼 다루는 솜씨가 예사롭지 않았다. 능숙한 칼질 몇 번으로 어른 주먹만 한 양파를 산산조각 낸 걸 보니 고수인 게 분명했다. 혹시 요리계에서 잔뼈가 굵은 절대 고수가 아닐까?

"하하. 요리사는 아니고요, 취미로 요리를 하고 있는데 학교 선생님 부탁으로 아이들에게 요리 강습하러 왔어요. 저는 회사에서 사무직으로 일하고 있어요. 이쪽은 제 아내고요. 집에서도 요리는 주로 제가 하고 아내는 지금처럼 옆에서 보조를 합니다."

예상이 완전히 빗나갔다. 고수는커녕 요리계에 발도 들인 적 없는 아마추어였다. 그러나 그의 요리 솜씨는 굉장한 수준이었다. 알고 보니 아이들 틈에 끼어 있는 보조 강사들은 꿈★담 자연요리학교를 만든 장병연 사무국장의 부탁을 받고 기꺼이 달려온 마을 주민들이었다.

장 사무국장에 따르면, 요리 강사는 주로 요리를 직업으로 삼고 있는 전문 요리사나 요리학원 강사가 맡는다. 하지만 이날 아이들에게 이탈리안 미트볼이라는 전문 요리를 지도한 사람은 특별히 초청한 자원봉사자였다. 전문 요리사는 아니지만 요리 실력이 뛰어나 초청했다.

요리 강습 메뉴는 비빔밥부터 자장면, 돈가스, 치즈오믈렛 등 무척 다양하다. 강습이 끝난 뒤에는 품평회를 하면서 음식을 나누어 먹는다. 남은 음식은 집에 싸 가기도 하는데, 아이가 만든 음식을 맛본 엄마들이 장 사무국장에게 '감사하다' '감격스럽다'는 문자를 보내기도 한다.

그는 이럴 때 큰 보람을 느낀다며 환하게 웃었다.

요리로 익히는 살아가는 방법

장 사무국장이 꿈★담 자연요리학교를 만든 이유는 요리로 생태 교육
을 하기 위해서다. 꿈의학교 설립 기획안에는 "진로 체험 학습과 함께
밥상머리 예절 교육을 하기 위함"이라고 적혀 있지만, 이야기를 나누
다 보니 궁극적인 목적은 생태 교육이었다.

"요즘 아이들이 주로 라면이나 햄버거 같은 패스트푸드에 길들여져 있
잖아요. 이런 아이들한테 요리하는 법을 가르쳐서 패스트푸드보다 직
접 만들어 먹는 음식이 훨씬 맛있다는 걸 알려주는 것이 진짜 목표예
요. 물론 아이들이 진로를 선택하는 데 도움을 주자는 목적도 있어요.
밥상머리 예절 교육도 중요하고요."

일단 요리를 할 줄 알면 귀찮다고 햄버거를 사 먹거나 라면을 끓여 먹
는 일도 줄어들 것이다. 이런 아이들이 많아지면 맥도날드도 물리칠
수 있지 않을까?

"하하, 그러면 얼마나 좋을까요. 먹거리 문화는 정말 중요한 문제예요.

그래서 강사들이 우리가 농사지어 거둔 우리 농산물로 직접 만들어 먹자, 되도록 라면 말고 된장찌개를 끓이자고 굉장히 강조합니다. 당장에 패스트푸드 소비를 크게 줄일 수는 없겠지만, 이런 교육이 쌓이다 보면 언젠가는 큰 효과가 있을 거라고 자신합니다. 스스로 만들어 먹는 것, 스스로 만들어서 누군가를 먹인다는 것 자체가 굉장한 기쁨이거든요.

특히 자아가 형성되는 청소년기에 이루어지는 교육은 당연히 효과가 클 수밖에 없어요. 꿈의학교에서 배운 요리가 아이들이 살아가는 데 큰 보탬이 될 거라고 봅니다. 요리사가 꿈인 아이들한테는 더할 나위 없이 좋은 기회고요."

꿈★담 자연요리학교는 자연생태교육연구소가 설립하여 학생을 모집했으니, 형식만 놓고 보면 '학생이 찾아가는 꿈의학교'다. 하지만 내용을 들여다보니 '학생이 만들어가는 꿈의학교'라고 해도 될 만큼 아이들의 요구를 적극적으로 반영하고 있었다.

"학교를 만들기 전 아이들과 선생님들을 대상으로 설문 조사를 했는데, 요리가 가장 많이 나왔어요. 요리를 주제로 하는 꿈의학교를 설립한 결정적 계기가 된 거죠. 처음 계획은 텃밭에서 직접 가꾼 재료로 요리하는 것이었는데, 아쉽게도 아직은 그렇게 하지 못하고 있어요."

학생과 교사가 함께 만드는 학교

꿈★담 자연요리학교를 방문한 날은 나른한 금요일 오후였다. 매주 금요일 오후에 수업이 있어 그 날짜에 맞추어 방문한 것이다. 수업 장소인 군포 평생학습원 요리 강습실은 훌륭한 공간이었다. 각종 요리 장비를 거의 완벽하게 갖추고 있었다. 내부 장식도 여기서 요리 한번 해보고 싶다는 생각이 들 정도로 깔끔했다. 냉방도 잘되어 있어 강습실에서는 무더위가 몰려온 계절이라는 것을 전혀 느낄 수 없었다. 장 사무국장은 수업 공간의 중요성을 누누이 강조했다.

"일단 수업 장소가 중요해요. 각종 요리 장비를 갖추고 있어야 하고, 오븐 같은 화기를 사용하니 안전 장비도 필수죠. 그런데 이곳은 거의 완벽하게 갖춰져 있어요. 이런 곳을 군포시가 무료로 빌려줬으니 우리에겐 정말 행운이죠. 안전 보험에 들었지만 그래도 불안해서 보조 강사까지 둔 거예요. 이야기하다 보니 역시 안전이 가장 힘든 문제네요. 아이들이 손을 데기라도 하면 큰일이니까요."

최근 들어 요리가 인기를 끄는 분야이다 보니 학생을 모으는 데는 어려움이 없었다. 30명을 모집하는데 50명 넘게 지원해 20여 명 정도는 대기자로 두어야 했다. 면접 등을 거쳐 입학한 학생은 중학생 22명, 고등학생 8명이다.

이 아이들이 꿈★담 자연요리학교에 입학한 이유는 다양했다. 요리에 관심이 있어서 온 아이도 있고, 요리사가 꿈인 아이도 있었다. 조리과 학고등학교에 진학하기 위해 온 중학생도 있었다. 또한 요리 연구가라는 구체적인 꿈을 실현하기 위해 온 아이도 있고, 특별한 목적 없이 요리에 관심 많은 친구를 따라 지원한 아이도 있었다.

엄마에게 멋진 생일상 차려주는 꿈

"친구 따라 왔는데 이곳에서 만난 친구들과 샘들이 잘해줘서 계속하고 있어요. 대학은 컴퓨터 쪽으로 갈 생각이고, 요리는 그냥 취미로 하려고요. 집에서 설거지 정도는 도와준 적이 있지만, 요리를 해본 적은 없어요. 엄마 생신이 8월인데 여기서 배운 요리 솜씨로 멋진 생일상을 차려드리는 게 꿈이라면 꿈이죠." _이태현, 고 3

"제 꿈이 요리 연구가예요. 어렸을 때부터 엄마한테 요리를 배웠는데, 정말 재미있어서 요리 연구가라는 꿈을 갖게 됐어요. 집에서도 요리를 자주 하는 편이에요. 볶음밥도 해봤고, 엄마가 아플 때 죽도 끓여드렸어요." _김나윤, 중 3

"제가 요리에 관심이 많다는 것을 알고 있는 엄마 친구분이 추천해서 꿈의학교에 오게 됐어요. 여기를 마치고 요리 학원도 다닐 계획이에요. 그렇다고 꼭 요리사가 되겠다고 결심한 건 아니지만요." _박현서, 고 1

아이들은 아직 요리가 사람이 살아가는 데 기본적으로 필요한 생존 기술이라는 사실을 모르고 있는 듯했다. 넌지시 말해줄까 하다가 그만두었다. 아이들 스스로 터득하는 편이 더 낫다는 생각에서다.

스스로 터득할 때까지 아예 모르는 게 더 나을 성싶기도 했다. 긴장한 상태에서 눈을 부릅뜨고 배우기보다는 놀이처럼 가볍고 즐겁게 배우는 것이 더 효과적일 수도 있어서다. 아기 사자가 놀이를 하면서 생존 기술인 사냥을 배우는 것처럼 말이다.

취재를 마치고 돌아오는 길, 요리를 배우는 꿈의학교가 대박이 나면 맥도날드를 정말 물리칠 수 있을까라는 생각이 메아리처럼 머릿속을 울렸다. 만약 요리가 수학이나 영어처럼 학교에서 중요한 과목이 된다면 그땐 가능할까?

자아가 형성되는 청소년기에 이루어지는 교육은 당연히 효과가 클 수밖에 없어요. 꿈의학교에서 배운 요리가 아이들이 살아가는 데 큰 보탬이 될 거라고 봅니다.

시흥 장곡마을
꿈의학교 '너도'

마을학교, '꿈의학교' 날개를 달고

시흥 장곡마을 꿈의학교 '너도'는 어느 날 갑자기 만들어진 학교가 아니다. 이미 여러 해 전에 뜻이 맞는 주민들이 힘을 모아 만들어놓은 마을교육공동체가 밑바탕이 되어 태어난 학교인 것이다.

4년 전, 유치원에 다니는 아이를 둔 엄마들이 모여 아이들을 위해 무언가 해보기로 마음을 모았다. 이들의 모임에 뜻있는 주민들이 힘을 보탰다. 결과는 성공적이었다. 그동안 《장곡 타임스》라는 마을신문을 만들어 37호나 발간했다. 엄마와 아이들이 함께하는 독서토론, 생활 글쓰기 활동인 '신나는 책 놀이터 와우'라는 프로그램도 진행했다.

당시 일곱 살이던 아이들은 이제 초등학교 3학년이 되었다. 이들의 모임은 '장곡 마을학교 너도'라는 교육공동체로 성장했다. 이 공동체가 꿈의학교라는 날개를 달면서 이름을 '자랑'이라고 바꾸었다가, 지금은 다시 '너도'라는 본래 이름으로 돌아와 시흥 장곡마을 꿈의학교 '너도'라는 이름표를 달았다. 학생들을 비롯한 꿈의학교 구성원들이 "익숙한 게 역시 최고"라는 의견을 냈기 때문이다. 학교 이름까지도 학생들 스스로 짓게 하는 것. 꿈의학교의 기본 철학인 '스스로 정신'을 실현한 것이다.

꿈을 만들고 꿈을 나누고

공동체의 힘일까? 개교식은 마치 마을 잔치처럼 성대했다. 꿈의학교 '너도'의 강당은 개교식이 끝날 때까지 와글와글했다. 열 살도 안 돼 보이는 고만고만한 아이들 수십 명과 엄마들, 여드름이 듬성듬성한 청소년 수십 명, 거기에 교육청 관계자까지 모여 발 디딜 틈도 없이 빼곡했다.

이날은 경기도교육청 마을교육공동체 기획단 유기만 단장, 꿈의학교 담당 윤계숙 장학관, 시흥교육지원청 정순봉 교육장 등도 참석해 개교식을 축하했다. 이재정 경기도교육감은 아이들과의 영상 통화로 축하 메시지를 보냈다.

"장곡마을 꿈의학교 '너도'의 프로그램은 정말 멋집니다. 이 프로그램을 통해 꿈을 만들고 그 꿈을 서로 나눠 멋진 꿈의학교를 만들기 바랍니다. 학생들이 꿈을 스스로 이룰 수 있는 역량을 높이는 정책을 계속 펴겠습니다."

꿈의학교를 만들어줘서 감사하다는 학생의 말에 이재정 교육감이 화답한 내용이다. 이 교육감이 멋지다고 칭찬한 꿈의학교 '너도'의 프로그램은 영상 제작, 연극, 철학 글쓰기, 마을 기록, 어린이도 마을 사람 '와우', 이 다섯 가지다.

'마을'이 중심이 된 다섯 가지 프로그램

"이미 능력 있는 강사가 배치됐기 때문에 가능합니다."

벅차지 않을까 걱정스러워 좀 무리인 것 아니냐고 질문을 던지자, 꿈의학교 '너도'의 주영경 교장이 자신 있게 한 말이다.
다섯 가지 프로그램의 내용은 제각기 다르지만 한 가지 공통점이 있었다. 바로 마을과 연관되어 있다는 점이다. 영상 제작반에서 만들려는 영상물은 마을에 관한 것이고, 연극반에서 무대에 올리려는 작품 또한 마을의 역사와 관련된 것이다. 철학 글쓰기반에서 주로 쓰려는 글도 마을과 그 마을에 사는 사람들에 관한 이야기다.

이 학교의 특징은 목표가 대단히 구체적이라는 점이다. 보여주기식 사업을 하자는 건 아니지만, 그래도 결과가 손에 잡히는 사업을 하고 싶어 구체적인 목표를 세웠다는 게 주영경 교장의 설명이다. 그는 각 프로젝트의 목표를 일일이 소개했다.

1. 철학 글쓰기반의 목표는 학생들을 《장곡 타임스》의 학생 기자로 키우는 것이다. 프로젝트를 끝낼 때 《장곡 타임스》가 중고생 기자로 60퍼센트 채워지고 그중 한 명이 부편집장을 맡으면 성공이다.
2. 연극반의 목표는 실제 마을 역사와 관련된 이야기를 연극으로 만들어 공연하는 것이다. 시흥에서 열두 살까지 살았던 조선 효종의 비 인선왕후의 일대기를 연극으로 만들어 무대에 올릴 계획이다.
3. 영상 제작반의 목표는 마을 구석구석에서 벌어지는 일을 영상에 담는 것과 1시간짜리 인터넷 방송을 아이들 스스로 진행하게 하는 것이다.
4. 마을 기록반의 목표는 마을 문화 지도와 생활 지도, 그리고 자료집을 만들어 전 주민에게 나눠주는 것이다.
5. 초등학생을 대상으로 하는 어린이도 마을 사람 '와우'의 목표는 방과 후 아이들의 돌봄과 교육을 이웃이 함께 진행함으로써 사교육비를 아끼고, 더불어 건강한 마을공동체를 만들어가는 것이다.

강사는 모두 마을에서 나왔다. 마을교육공동체가 이미 만들어져 있던 덕에 강사 구하기가 비교적 수월했다. '마을이 힘을 모아 아이들을 기른다'는 꿈의학교 정신에 딱 맞는 강사진을 꾸린 것이다.

철학 글쓰기반은 대학 학보사를 거쳐 언론인의 길을 걸었던 주영경 교장이 직접 맡았다. 주 교장은 생활 속에서 벌어지는 작은 일을 표현할 수 있는 능력을 기르는 데 집중하겠다는 계획을 세웠다.

연극반은 연극배우 겸 연출가로 인천에서 직장인 연극반을 수년간 운영한 경험이 있는 홍성인 씨가, 영상 제작반은 '시흥 라디오' 김용봉 대표가 맡았다. 장곡 인문독서모임 '담다'의 박수형 대표는 마을 기록반 강사로 활동하고 있다.

살아갈 힘을 기르는 학교

시흥 장곡마을 꿈의학교 '너도'의 밑바탕은 이미 4년 전에 만들어졌고, 경기도교육청이 꿈의학교를 만들기 전에 이미 마을학교라는 이름으로 존재했다. 일반 학교도 학원도 도서관도 있는데 장곡동 주민들은 왜 주머니를 털어 마을에 이런 학교를 세운 것일까?

그 까닭을 리플릿에 있는 시흥 장곡마을 꿈의학교 '너도'의 소개 글에서 찾을 수 있었다. 잘 살아갈 힘을 기르는 학교, 마을 주민이 자라는 곳, 평화롭게 쉴 수 있는 학교가 필요했기 때문이라고 설명되어 있다. 이렇듯 마을 주민을 키우는 것이 이 학교의 궁극적인 목표다. 공동체의 중요성을 알고 공동체 안에서 행복하게 살 수 있는 아이로 기른다는 것이다. 모든 교육 프로그램의 초점이 마을에 맞춰진 이유다.

'왜?'라는 질문은 필요치 않았다. 무관심과 그로 인한 인간 소외, 극단적인 이기주의 등 마을과 공동체가 사라진 세상이 삭막하다는 것을 이미 뼈저리게 겪어보았기 때문이다. 한 아이를 올바로 키우기 위해 온 마을이 발 벗고 나선 장곡마을, 이런 마을이 곳곳에 만들어진다면 왕따나 학교 폭력 같은 비정한 사건은 사라지지 않을까?

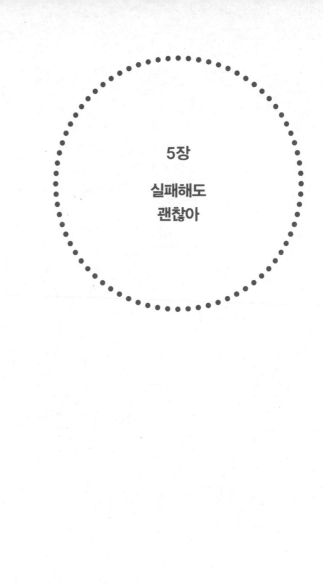

5장

실패해도
괜찮아

안성맞춤 공예
꿈의학교

자유로움이 키워낸 열정

내가 진짜 좋아하고 잘할 수 있는 일은 무엇일까? 하고 싶은 일을 하면서 과연 먹고살 수 있을까?

인생에서 가장 빛나는 시기인 청소년기. 하지만 자신에게 꼭 맞는 꿈을 찾지 못하는 데서 오는 불안감이 그 빛을 바래게 하곤 한다. 하고 싶은 일이라도 있으면 그나마 덜하지만, 그마저도 없으면 미래에 대한 불안감은 더 커지게 마련이다.

안성맞춤 공예 꿈의학교는 이 불안감을 극복할 수 있도록 도와주는 학교다. 이 학교의 특징은 아이들에게 어른들의 세계를 그대로 리얼하게 보여준다는 점이다. 불안감을 극복하고 아이들의 꿈을 찾아주는 독특한 방법이다.

이 학교는 안성 공예가 모임인 '안성공예가회'가 운영한다. 아이를 잘 키우기 위해 마을 예술가들이 팔을 걷어붙이고 나선 것이다. 40여 명의 중·고등학생에게 금속·도자기·섬유·목공예와 핸드페인팅을 가르친다.

교사들은 모두 공예를 직업으로 삼고 있는 전업 작가다. 안성 최고의 문화 예술 공간인 안성맞춤랜드 공예문화센터의 입주 작가들이다. 그래서 수업은 작가들의 작업 공간인 공방에서 이루어진다.

고속도로를 지나 눈 쌓인 들판을 가로지르는 국도를 30여 분 달리자 안성맞춤랜드 간판이 눈에 들어왔다. 공예문화센터의 문을 열자 안성공예가회 이주연 사무국장이 반가운 얼굴로 맞았다. 이 사무국장은 안성맞춤 공예 꿈의학교를 직접 기획했다.

어른들 세계를 리얼하게 경험해야

"안성교육지원청 장학사가 직접 모집 공고를 들고 찾아왔어요. 꿈의학교 한번 해보라고요. 딱 보니 우리한테 안성맞춤인 학교였어요. 그래서 네이밍도 별 고민 없이 '안성맞춤'이라고 했죠."

이주연 사무국장이 작가들과 함께 안성맞춤 공예 꿈의학교를 만든 이유다. 얼핏 보기에도 공예문화센터는 꿈의학교를 설립하기에 딱 좋은 환경이었다. 전업 작가로 구성된 알찬 강사진과 작품 실습에 맞춤한 공방, 거기에 10만 4398평이나 되는 드넓은 안성맞춤랜드라는 캠퍼스까지 갖추고 있으니 말이다. 한 가지 힘든 점이 있다면, 작가들의 속살인 공방을 아이들에게 공개해야 한다는 것이다.

"자기만의 공간이었는데 오픈해야 한다고 하니 힘들어하는 분이 많았죠. 그런데 지나고 보니 아이들에게 공방 문을 열어주고 작가들의 세계를 리얼하게 보여준 게 가장 좋은 교육이었던 것 같아요. 막연하게 생각했던 공예가의 길을 제대로 가르쳐준 것이 성과라면 성과입니다."

공예가의 삶을 직접 체험한 아이들의 반응은 가지각색이었다.

"자기한테 잘 맞는 것 같다는 아이도 있고, 재미는 있지만 직업으로는 아닌 것 같다고 솔직하게 말하는 아이도 있어요. 당돌하게 돈이 되는 직업이냐고 물은 아이도 있고요. 그럴 때마다 저는 이렇게 얘기해줍니다. 찾다 보면 분명 길이 나오고, 어느 분야든 산만 넘어가면 살길이 보인다고요."

'찾다 보면 분명 길이 나온다'는 건 알고 보니 이 사무국장 본인의 이야기였다. 이 사무국장은 미술대학에서 공예를 전공한 뒤 사회에 나와서는 엉뚱하게도 공무원으로 일했다. 갖고 싶은 게 너무 많았는데, 미술

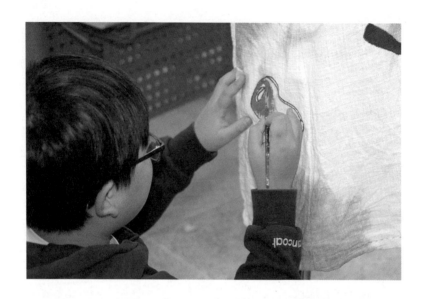

로는 그 욕구를 채우기 어려웠다는 게 그의 설명이다.

그러나 적성과 관계없이 돈을 좇아서 택한 직업을 오래할 수는 없었다. 이 사무국장은 전업주부 기간을 거쳐 현재 작가의 길을 걷고 있다. 공예가의 삶을 사실적으로 보여준 점을 성과로 꼽은 이는 이 사무국장뿐만이 아니었다. 도자기 공예를 지도하는 이한원 작가도 이 점을 의미 있는 성과로 꼽았다. 이 작가는 이와 더불어 아이들에게 실패할 기회를 주었다는 점을 꿈의학교의 또 하나의 성과라고 설명했다.

"이곳에서 자신의 소질을 발견한 아이도 있고, 자기가 소질이 없다는 사실을 깨달은 아이도 있어요. 소질이 없다는 걸 깨달은 아이들을 보면서 처음에는 꿈의학교가 실패했다고 생각했어요. 소질이 있는 아이들을 모아서 교육을 해보자는 게 애초 계획이었거든요. 제도권에서 하는 엘리트 교육을 꿈꾼 거죠.

그런데 수업을 하면서 그게 오산이라는 걸 깨달았어요. 그래서 애초 계획을 수정했어요. 어른들의 직업 세계를 리얼하게 보여주면서 아이들이 미래의 직업을 판단할 때 도움을 주자는 쪽으로요. 그랬더니 실패라고 생각했던 것이 성공으로 돌아왔어요. 이 길이 자기 길이 아니라는 것을 알게 해줬으니 교육적으로는 성공한 셈이죠."

자유로운 발상, 가르치는 보람

그렇다고 아이들이 학습을 게을리한 것은 아니다. 교사들 또한 대충 가르치지 않았다. 소질 있는 아이들만 모아서 작가로 키우는 엘리트 교육 이상으로 열의를 다했다. 특히 꿈의학교의 바탕에 깔린 학생 스스로 정신에 충실했다. 이 사무국장은 들뜬 목소리로 스스로 정신의 효과를 설명했다. 스스로 정신 때문에 자신도 행복했다고 거듭 강조했다.

"교사들이 만든 프로그램에 아이들을 끼워 맞추는 식이 아니었죠. 아이들이 스스로 만든 프로그램을 교사가 도와주는 식으로 진행했어요. 만들고 싶은 작품도 직접 결정하게 했는데 그 효과가 정말 놀라웠어요. 결석하는 아이도 없고 시간 때우러 오는 아이도 없었어요. 학교에서 의무적으로 시키는 직업 체험을 하러 온 아이들과는 열정의 크기가 다른 거죠. 물론 작품 완성도도 비교할 수 없을 정도로 높고요. 12월에 끝난다고 하니까 내년에는 언제부터 시작하느냐고 묻는 아이도 있었어요."

안성맞춤 공예 꿈의학교의 장경애 교장도 스스로 알아서 배우는 아이들의 열정에 놀라기는 마찬가지였다. 아이들의 자유로운 발상에 자극과 도움을 받으며 가르치는 재미와 보람을 느꼈다.

"아이들을 가르치면서 정말 행복했어요. 자기들 의지와 상관없이 어른들한테 떠밀려 온 아이들인 줄 알았는데 그게 아니더군요. 스스로 원해서 온 아이들이었어요. 그렇다 보니 눈빛도 다르고 호기심도 남다르고, 작은 소스만 주면 나머지는 알아서 하니까 가르치는 재미도 있고 보람도 있어요. 꿈의학교의 가장 큰 장점이 자유롭다는 것인데, 그 자유로움 속에서 나오는 아이들 생각이 참 신선해요. 그런 점에서는 오히려 제가 아이들한테 도움을 받기도 하죠."

그러나 몇몇 아이들은 중간에 포기를 하기도 했다. 대부분 엄마의 욕심에 이끌려서 온 아이들이다. 한 아이도 포기하지 않겠다는 게 꿈의학교의 기본 정신인데 왜 붙잡지 않았느냐고 이 사무국장에게 물었다.

"그 아이들은 정말 행복해 보이지 않았어요. 잡아두는 게 오히려 결과적으로는 그 아이를 포기하는 것과 마찬가지라 놓아주었어요."

마을과 어떻게 소통할까

이 학교는 꿈의학교에서 빼놓을 수 없는 마을교육공동체 정신을 매우 적극적으로 실천했다. 마을의 작가들이 모여 아이들을 가르친다는 것만으로도 이미 마을교육공동체를 실현한 것인데, 더 나아가 마을과 소

통하기 위한 적극적인 사업까지 펼쳤다. 그 방법 또한 아이들에게 직접 찾게 한 것이 큰 특징이다.

"어떻게 마을과 소통해야 할지 아이들에게 물었더니 기발한 방법을 내놓았어요. 목공예반은 '꿈의학교 1기 작품'이란 글자를 새겨 넣은 벤치를 만들어 사람들이 많이 다니는 곳에 놓자고 해서 실제로 진행하고 있고요. 섬유공예반은 스카프를 만들어서 복지관 어르신들에게 전달했어요. 금속공예반은 은반지를 만들어 경로당에 전달했고요. 아이들은 안성 최고의 축제인 '바우덕이 축제' 때 작품을 전시·판매하자는 의견을 내기도 했어요. 물론 실제로 그렇게 했고요."

스스로 기획하고 실행하는 아이들. 이 아이들이 꿈의학교에서 얻어 가는 것 역시 각자 달랐다. 좋아하고 잘할 수 있는 일을 찾은 아이도 있고, 소질이 없다는 사실을 깨달은 아이도 있었다.

"예술가들이 사는 모습을 직접 본 게 큰 도움이 됐어요. 공예가는 아니지만 미술 쪽 일을 하고 싶다는 생각이 들었어요." _장경서, 고 1

"공예를 하고 싶어서 왔는데, 저에게 소질이 없다는 것을 깨달았어요. 역시 저는 탁구 선수를 해야겠어요." _정지원, 중 1

내게 꼭 맞는 안성맞춤 꿈은 과연 무엇일까? 이 질문에 안성맞춤 공예 꿈의학교는 자신이 직접 부딪치며 스스로 찾아보라는 답을 내놓았다. 단번에 꿈을 찾지 못하더라도 결코 실패한 것이 아니라며 등을 토닥여 주기도 한다. 좋아하는 일을 하면서 먹고살 수도 있느냐는 질문에, 열심히 하면 충분히 가능하다는 답을 내놓았다. 하고 싶은 일을 하면서 살아야 행복할 수 있다는 충고도 잊지 않았다.

소질이 없다는 걸 깨달은 아이들을 보면서 처음에는 꿈의학교가 실패했다고 생각했어요. 그런데 수업을 하면서 그게 오산이라는 걸 깨달았어요. 이 길이 자기 길이 아니라는 것을 알게 해줬으니 교육적으로는 성공한 셈이죠.

김포 콩나물 뮤지컬
꿈의학교

'까당 콘서트' 넘어져도 괜찮아

"우선 자기 자신부터 행복해야 합니다. 유혹에 견딜 수 있는 힘을 길러야 하는데, 자기가 행복해야 그 힘이 나오거든요. 꿈의학교 운영도 마찬가지예요. 단순히 일이 아닌 저의 꿈으로 받아들여야 행복할 수 있어요. 꿈의학교가 제 꿈입니다."

콩나물 뮤지컬 꿈의학교 김아영 교장. 그는 꿈의학교 운영이 행복하다고 했다. 도대체 어떤 유혹이기에 의지나 노력으로 뿌리치는 게 아니라 자신의 행복으로 극복해야 하는 것일까?

"꿈의학교는 학생 스스로 정신이 중요하기 때문에 그들의 실수와 실패를 인정하고 스스로 잘할 때까지 기다려줘야 해요. 하지만 이걸 참기가 정말 힘들어요. 혼내고 싶고, 개입해서 알려주고 싶고, 빨리 성과를 내고 싶고…… 한마디로 편하게 하고 싶은 거죠. 그렇게 하지 않으려면 꿈의학교 운영을 저의 꿈으로 만들어야 해요."

김아영 교장이 운영하는 콩나물 뮤지컬 꿈의학교는 꿈의학교의 맏언니 격이다. 이 학교의 전신인 콩나물마을학교가 경기도교육청이 진행하는 꿈의학교에 모티프를 주었기 때문이다. 김 교장은 꿈의학교 운영자를 위한 워크숍 등에서 콩나물마을학교를 운영한 경험을 발표하기도 했다.

김 교장을 만나 이야기를 나눈 장소는 김포 푸른솔중학교 음악실이다. 그날은 토요일이었는데, 푸른솔중학교는 곳곳이 뮤지컬 연습장으로 변해 있었다. 강당에서는 노랫소리, 시청각실에서는 피아노 소리, 밴드실에서는 고막을 자극하는 기타 소리가 흘러나왔다.

김 교장과의 만남은 이번이 처음은 아니다. 2015년 5월, 꿈의학교 운영자 워크숍이 열린 경기도 파주에 위치한 경기도교육청 율곡연수원에서 만난 적이 있다. 그때 김 교장에게 꿈의학교를 운영하게 된 계기에 대해 들었는데 무척 인상적이었다.

"콩나물 뮤지컬 꿈의학교의 전신은 콩나물마을학교예요. 재능을 나누고, 그 재능을 도구 삼아 아이들과 함께 인문학과 철학을 공부하겠다

는 소박한 꿈을 가지고 출발한 학교입니다. 분노라든가 마음속에 응어리진 감정을 아이들이 음악을 통해 스스로 풀기를 바라는 마음에서 이 학교를 만들었죠.

처음에는 초등학교 3~6학년 아이들 4명이 전부였어요. 그다음 해에는 좀 더 늘어나 중학교 아이들까지 참여해서 그 아이들과 함께 창작 음악드라마 〈거울〉을 발표하기도 했어요. 올해 목표는 좀 커요. 김포시와 김포 인근 중고생들을 모아 창작 뮤지컬을 만들어 발표하는 겁니다."

스스로 부족함을 찾고 달라지는 아이들

김아영 교장이 꿈의학교를 운영하는 원칙은 '학생 스스로 정신'과 '실패해도 괜찮아'로 요약할 수 있다. 그는 이 원칙에 철저했다. 스스로 잘할 수 있게 하기 위해, 실패할 기회를 주기 위해 '꽈당 콘서트'를 개최한 것만 봐도 그가 이 원칙을 얼마나 중요하게 여기는지 알 수 있었다. 꽈당 콘서트는 이미 만들어진 뮤지컬을 그대로 따라 하는 것이다. 그리고 이름 그대로 한번 넘어져보자는 취지의 콘서트다. 넘어진다고 해서 세상이 끝나는 건 아니라는 것을 직접 느끼고 경험해보게 하자는 의미로 그렇게 이름을 지었다고 한다. 작품도 남이 만들어놓은 것인 데다, 연습이라야 고작 일곱 번 정도 하기 때문에 절대 잘할 수 없는 콘서트라는 게 김 교장의 설명이다.

꽈당 콘서트의 효과는 무척 컸다. 자기가 하는 일에 대한 자신감과 함께 자신에 대한 믿음도 생겼다고 한다. 행복의 전제 조건인 자존감이 높아진 것이다.

또 자기가 한 일에 대해 부족함을 느끼고 스스로 발전할 힘도 얻었으니 일석이조 이상의 효과를 거둔 셈이다. 그는 아이들이 이렇게 변한 것을 가장 큰 성과로 꼽았다.

"아이들의 변화는 자기 의견이 수용되는 과정을 통해 이루어졌다고 봅니다. 꽈당 콘서트를 준비하면서 아이들이 '이런 걸 해도 될까요?'라고 물을 때 '너희가 좋다면 한번 해봐'라고 말해줬거든요. 자신감을 높여주고 너를 믿고 있다는 것을 보여주기 위해서죠. 지금은 '무언가를 해도 되냐'고 묻기보다는 '무언가를 해보겠다'고 하는 경우가 훨씬 많아요. 이럴 때 보람을 느끼죠.

물론 실수도 잦아요. 그런데 참 신기해요. 어른들이 옆에서 실수라고 지적하면 잘 고쳐지지 않지만, 자기 스스로 실수라고 느끼는 순간 알아서 고친다는 거예요.

꽈당 콘서트가 막 끝나고 나면 처음에는 자기들이 굉장히 잘한 줄 알아요. 그런데 막상 모니터로 공연하는 모습을 다시 보고는 '왜 저렇게밖에 못했는데 박수를 받은 거예요?'라고 묻더라고요. 자기들 스스로 부족함을 느낀 거죠. 그다음엔 알아서 고칩니다."

콩나물 뮤지컬 꿈의학교에서 누누이 강조하는 것은 스스로 정신이다. 이를 위해 이 학교에서 하는 모든 일, 심지어 예산 집행까지도 아이들이 스스로 결정한다. 또한 자신에 대한 믿음을 가지도록 아이들이 만든 음악을 음원 사이트에 등록해주고, 저작권까지 얻게 해 작곡·작사가로 인정받을 수 있도록 돕는다. 당당한 사회 구성원으로 우뚝 설 수 있는 힘을 실어주는 것이다.

노동의 가치를 소중하게 여기는 것도 늘 강조하는 내용이다. 공연을 하면 꼭 대가를 받으라고 가르친다.

공교육 틀 단단해도 변할 수 있어

"우리 예술 분야는 재능 기부가 참 많은 시장이죠. 그런데 이게 참 먹고살기 힘들게 해요. 꿈을 잘 키워놓고서 재능 기부만 하게 될까 봐 상품권 하나라도 받게 합니다. 습관이 중요하잖아요."

꿈의학교가 세상에 나오기 전, 김 교장이 김포에 콩나물마을학교를 세운 이유는 음악을 통한 인성 교육을 하기 위함이었다. 꿈의학교라는 날개를 달면서 김 교장의 꿈은 좀 더 크고 구체적으로 변했다. 성적 위주로 돌아가는 해묵은 공교육 문제를 해결하는 데 꼭 필요한 성공 사례를 만들겠다는 꿈이다.

"아이들이 그동안 신뢰받지 못했다는 것을 알게 되면서 참 마음이 아팠어요. 예를 들어 기운을 북돋기 위해 '넌 잘할 수 있어'라고 말하면 '절 위로하시는 거예요? 동정하지 마세요'라고 하는 아이도 있었어요. 이게 다 영어, 수학 점수로 아이들의 가치를 평가하기 때문에 벌어지는 일인데, 저는 공교육이 더 이상 그러지 말았으면 좋겠어요. 공부 못하는 놈으로 낙인찍지 말고, 좀 더 다양한 꿈을 심어주기 위해 노력해야 하지 않을까요?

공교육의 틀은 참 단단해요. 그렇기 때문에 스스로 변하기가 그만큼 힘든 거죠. 하지만 성공 사례가 있으면 가끔 깨지기도 해요. 영어, 수학 못하는 것을 실패로 낙인찍지 말고 과정으로 받아들여서 성공적인 교육이 이루어진 사례를 만들면, 공교육도 변하게 할 수 있는 거죠. 이게 저의 가장 큰 목표입니다."

콩나물 뮤지컬 꿈의학교는 7월부터 이듬해 2월까지 운영한다. 중고생 30명과 대학생 등으로 이루어진 강사진 8명이 학교 구성원이다. 이들이 함께 힘을 모아 뮤지컬을 만들고 있다. 9월 '꽈당 콘서트'에 이어 10월에 마을 잔치를 열었고, 11월엔 갈라쇼, 다음 해 1월엔 졸업 작품 격인 창작 뮤지컬을 발표한다.

콩나물 뮤지컬 꿈의학교는 맏언니답게 다른 꿈의학교를 지원하는 일도 마다하지 않는다. 영화 꿈나무들로 이루어진 남양주 영화 제작 꿈의학교에는 영화 음악을 만들어주기로 했다. 가수 조관우가 부른 고

노무현 대통령 추모곡 〈그가 그립다〉를 만든 작곡가 출신 김 교장도 학교에서는 그저 도우미일 뿐 작곡은 학생들이 직접 한다. 영화학교가 내민 손을 기꺼이 잡은 이유는 한마디로 '누이 좋고 매부 좋은 일'이기 때문이다.

"영화학교에서는 저작권 신경 쓸 일 없이 안전한 음원을 사용해서 좋고, 작곡하는 학생들은 자기가 만든 음악이 유용하게 쓰인다는 자부심이 생겨서 좋은 것 같아요. 일방적으로 도와주는 것이 아니라 서로서로 돕는 일이에요."

교장도 교사도 학생도 꿈을 찾는 학교

이 학교의 특징은 강사, 학생 등 구성원 모두가 김 교장처럼 꿈의학교에서 꿈을 찾는다는 점이다. 조연출을 맡은 박경림 강사(대학생), 기획 프로듀서 기태의 강사(대학생), 안무를 지도하는 김윤아 강사(대학생) 모두, 학생들을 가르치면서 보람을 느끼는 동시에 자신의 꿈도 찾고 있었다. 세 사람 다 중고생 시절 꿈이 뮤지컬 종사자였지만 학교 전공은 다른 분야를 택했다. 그때 만일 이런 꿈의학교가 있었다면 분명 지금의 전공이 바뀌었을 거라고 자신 있게 말하는 걸 보니 과장은 아닌 듯했다.

학생 중에는 뮤지컬 관련 분야 진출을 꿈꾸는 아이도 있고, 좋은 경험을 하기 위해서 가벼운 마음으로 왔다는 아이도 있다. 그들 모두 꿈을 찾고 있다는 것이 공통점이다.

"예술대학 가는 게 제 목표입니다." _밴드 리더 박하진, 고 3

"소설가가 되고 싶어요." _시나리오 쓰는 이서현, 고 2

"초등학교 교사가 꿈이지만 이런 일에도 관심이 많아 오게 됐어요."
_시나리오 쓰는 윤여원, 고 2

"아직 미래의 꿈을 정하지 않았지만, 이 학교가 꿈을 결정하는 데 도움을 줄 것 같아서 오게 됐어요." _밴드 베이스기타 유동, 중 3

내가 행복해야 다른 사람도 행복하게 만들 수 있다. 참으로 공감되는 말이지만 그 뜻을 제대로 알거나 실감하기가 쉽지는 않다. 행복을 바라보는 기준이 저마다 다르다 보니 '이게 바로 행복'이라고 콕 집어 말하기가 어렵기 때문이다.

김아영 교장은 행복에 대한 자기만의 명쾌한 정의를 내렸다. 바로 '꿈'이다. 꿈꾸는 일을 현실에서 이룰 때 행복할 수 있다는 것이다. 꿈을 이루고 있다는 마음가짐으로 일을 대해야 행복할 수 있다고, 그래야 어려움을 극복할 힘이 생긴다고 그 방법까지 넌지시 알려준다.

김포 콩나물 뮤지컬 꿈의학교 사람들을 만나고 돌아오는 길, "자기 자신부터 우선 행복해야 합니다"라는 말이 오랫동안 머릿속을 맴돌았다.

청소년 치유 꿈의학교
'온새미로'

그래, 네가 옳아! 네 편이 되어줄게

속상한 일이 있을 때 누군가 내 이야기에 귀 기울여주고, 무조건 "그래, 네가 옳아!"라고 위로해준다면 얼마나 좋을까. 누구나 한 번쯤 해봤음 직한 상상이다. 삶에 지친 사람일수록 이런 위로가 더 간절할 수 있다. 그런데 이런 꿈 같은 일을 실현해주는 학교가 실제로 있다. 경기도 부천에 있는 청소년 치유 꿈의학교 '온새미로'다. 이 학교는 자기의 감정과 느낌을 있는 그대로 표현하게 하는 심리 치유 방법으로 청소년이 정서적 안정을 찾게 해준다. 그래서 학교 이름이 '있는 모습 그대로'라는 뜻의 순우리말인 '온새미로'다. 교사가 학생의 말에 귀 기울이는 것은 물론 함께 웃고 울며, 심지어 놀아주기까지 한다.

이 학교는 경기도 부천시 송내동에 있는 청소년 문화의 집에서 운영한다. 청소년 마을극장, 드라마 스쿨, 청소년 저널리즘, 인문학 문예창작 교실, 이 네 가지 프로그램을 진행한다.

청소년 문화의 집에서 운영은 하지만, 그곳에서 모든 수업이 이루어지는 것은 아니다. 상황에 따라 다른데, 학생이 있고 교사가 있으면 어디든지 학교가 될 수 있다.

'청소년 마을극장' 수업은 부천 노동사회복지관 강당에서 이루어진다. 청소년 마을극장은 부천시 초등학생과 중학생을 대상으로 진행하는 연극 치유 프로그램이다.

이 프로그램은 드라마 치료의 한 분야인 플레이백 시어터playback theater를 전문으로 하는 '노는 극단'이 진행한다. 플레이백 시어터는 관객이 화자가 되어 현장에서 들려준 이야기를 배우 몇 명이 즉흥극으로 표현하는 공연이다. 이 공연에 참여한 화자(관객)와 배우, 관객 모두 심리 치유 효과를 경험한 것으로 알려졌다.

'노는 극단'은 마을극장과 함께 드라마 스쿨도 담당한다. 드라마 스쿨은 학생이 화자가 되어 이야기를 제공하는 데 그치지 않고 직접 배우가 되어 즉흥극까지 만드는 프로그램이다.

진솔한 대화 나누려는 교사의 눈물

"자, 신나게 박수 쳐보세요."

"앞사람 어깨도 주물러주고요."

'노는 극단' 배우들의 익살스러운 몸짓을 따라 아이들이 박수를 치고 친구의 어깨를 주물렀다. 강당은 순식간에 웃음의 도가니에 빠졌다. 낙엽 구르는 모습만 봐도 웃는 나이라 그런가? 그보다는 배우들 몸짓이 우스꽝스러워서인 것 같았다. 이름이 '노는 극단'이라 그런지 배우들이 참 잘 놀았다. 이날은 내동중학교 2학년 학생들을 대상으로 프로그램을 진행했다.

"자, 이제 가위바위보 놀이를 할 건데 보통 규칙과는 좀 달라요. 이기려면 목소리가 커야 해요. 가위바위보를 한 다음 이긴 사람은 '이겼다!' 진 사람은 '졌다!'라고 외치는데, 이때 목소리가 큰 사람이 이기는 겁니다. 그리고 이긴 사람이 진 사람 머리를 묶거나 얼굴에 스티커를 붙여서 예쁘게 꾸며주는 거예요."

이 놀이가 끝난 다음 가장 예쁘게 꾸민 친구 선발대회가 열렸다. 선발 방법은 박수와 함성의 크기. 우레와 같은 박수를 받아 선발된 학생이 무대에 올라 몸을 비비 꼬며 수줍어하자 선발될 때보다 더 큰 함성과 박수가 터졌다.

"배우들이 무조건 여러분 편이 되어 이야기를 들어주고, 그걸 즉흥극으로 표현할 겁니다."

놀이가 끝나자 곧바로 대본 없이 이루어지는 즉흥 연극이 시작됐다. 아이들의 이야기를 귀 기울여 들은 배우들이 즉석에서 그 상황을 표현했는데, 한마디로 기발했다. 이날은 무언가 잘못을 한 동생이 형에게 맞는 상황과 한 남학생이 예쁜 여학생에게 프러포즈를 했지만 거절당하는 상황이 연출됐다.

담임 선생님 이야기도 무대에 올랐다. 학생과 진솔한 대화를 나누고 싶은데, 현실에서는 "껌 뱉어!" "화장 지워!" 같은 말만 해야 하는 갑갑함을 배우들이 표현하자 화자인 오서현 선생의 눈에서 눈물이 흘렀다. 오 선생은 그렇게 응어리진 감정을 풀었다.

"연극을 보면서 많은 것을 느꼈고 앓던 속도 풀렸어요. 정말 시원해진 느낌이에요."

처벌, 응징 대신 아픔을 씻는 과정

꿈의학교 온새미로의 바탕에는 회복적 정의가 깔려 있다. 이 학교가 진행하는 모든 프로그램의 궁극적 목적은 회복적 정의의 실현이다. 회복적 정의가 무엇인지 인문학 문예창작 교실을 담당하는 이성재 강사에게 직접 들었다. 이 강사를 만난 곳은 청소년 문화의 집 사무실이다. 그는 이곳 연구원이기도 하다.

"범죄의 처벌, 즉 가해자에 대한 응징이 아닌 피해자의 아픔을 씻는 데 주목해서 사회적 갈등을 풀자는 패러다임입니다. 사법 정의를 응보적 정의라고 하는데, 이 경우 정의를 세우는 방법이 가해자에 대한 처벌입니다. 반면 회복적 정의는 피해자뿐만 아니라 가해자의 상처까지 치유해 깨진 관계를 회복시켜 정의를 세우자는 이론입니다."

이 강사는 전직 사회 교사다. 3년 전 자유롭게 인문학 교육을 하겠다는 꿈을 안고 과감하게 학교 밖으로 나왔다. 인문학이란 나를 돌아보고 세상에 저항할 줄 아는 방법을 가르치는 학문인데, 학교가 입시 위주이다 보니 이런 교육을 하기가 어려웠다고 한다. 결국 입시 위주의 교육에 한계를 느꼈다는 자기 고백이었다.

"자기 이야기를 할 수 있고, 자신을 돌아보며 반성할 줄 알고, 자기 행동에 책임질 줄 아는 시민으로 키우는 것이 꿈의학교 온새미로의 목표입니다."

온새미로의 목표를 듣고 보니 이것이 곧 이 강사 본인의 목표이기도 했다. 그는 인문학 글쓰기 수업에서 이 내용을 누누이 강조하고 있다. 청소년 마을극장과 드라마 스쿨은 프로그램 자체에 이 내용이 담겨 있다고 한다.
이 강사가 학교 밖으로 나오기 전 마지막으로 근무한 곳은 혁신학교다. 그렇다면 그는 이재정 경기도교육감이 새롭게 추진한 꿈의학교 때문에 김상곤 전 교육감 때부터 해온 혁신학교가 위축되고 있다는 교육계의 일부 주장을 어떻게 생각하고 있을까?

"꿈의학교가 잘돼야 혁신학교가 더 잘될 수 있다고 생각해요. 혁신학교에서 가장 중요한 것이 수평적 논의 구조와 마을교육공동체 정신인데, 꿈의학교가 현재 학교 밖에서 이를 실현하고 있으니까요. 꿈의학교가 잘되기 위해서는 학부모와 공교육에 종사하는 교사까지 아우르는 마을교육공동체가 필요합니다. 이를 위해 회복적 마을위원회를 구성해 활동하고 있어요."

소극적이고 무기력한 아이에게 자신감을

청소년 심리 치료를 하는 학교라고 해서 문제가 있는 아이나 사고를 치는 아이들을 모아놓는 것은 아니다. 이곳에서 말하는 치유란 병을 고친다는 뜻이 아니라 부족한 부분을 채워준다는 의미이기 때문에 이른바 '문제아'를 모을 필요는 없다.

오히려 활력이 넘쳐서 사고를 치는 아이보다는 소극적이고 무기력한 아이가 오면 더 좋은 결과를 얻을 수 있다는 게 이 강사의 의견이다. 실제로 남들 앞에서 자기 이야기를 하고, 무대 위에서 자기를 표현하는

과정에서 소극적인 아이가 적극적으로 변하는 모습을 자주 보게 된다
고 한다. 그래서인지 꿈의학교 온새미로에는 자신감을 기르고 싶어서
온 아이들이 많았다.

"꿈이 연극배우는 아니지만 자신감을 기르고 싶어서 왔어요."

_이지원, 중 3, 드라마 스쿨 학생

"자신감과 친화력이 생겨서 기뻐요." _서유진, 중 3, 드라마 스쿨 학생

언제부터인가 힐링이란 말이 유행어처럼 뭇사람들 입에 오르내린다.
치유가 여러모로 필요한 세상살이기에 그럴 것이다. 완벽한 사회여서
아무런 상처 없이 살 수 있으면 좋으련만, 그런 세상이 쉽게 오지는 않
을 것이다. 아니, 영영 오지 않을 가능성이 더 크기 때문에 우리에게 힐
링이 필요하며 힐링 기술을 배워야 한다.
'노는 극단'이 진행한 연극 치유는 뛰어난 힐링 기술이었다. 정말 시원
했다. 잘 노는 배우와 잘 따라주는 학생, 그리고 선생님이 함께 만든 수
업을 지켜보며 관객인 나도 막힌 가슴 한편이 뻥 뚫리는 기분이었다.
10월의 늦더위와 싸우면서 쌓여 있던 몸 안의 화기도 학생의 웃음과
선생님의 눈물에 씻은 듯 날아가버렸다.
시인 서정주는 〈자화상〉이라는 시에서 "나를 키운 건 팔할이 바람"이
라고 표현했다. 이에 빗대 나는 "나를 키운 건 팔할이 따뜻한 위로"였

다고 말하고 싶다.

충고와 나무람도 내가 성장하는 데 도움이 되긴 했지만 따뜻한 위로보다는 못했다. 충고나 질책에는 가슴을 후벼 파는 뾰족한 무엇인가가 숨어 있어 무척 아팠다. 특히 실패했다고 스스로 느꼈을 때는 충고나 질책이 더 많이 아팠다. 그 아픔이 반항심만 키웠지 반성과 성찰의 마음을 북돋아주지는 않았던 것 같다.

만약 나에게 다가온 그 수많은 충고와 질책에 배려와 사랑이 담겨 있었더라면 감사하게 받아들이고 크게 깨우쳤을지도 모른다. 하지만 어김없이 비난이나 힐난, 때론 비아냥거림이 섞여 있었다. 옹졸한 탓인지 후자가 더 크게 느껴져 감사함보다는 반감이 더 컸다.

살다 보면 가슴 아픈 일을 수도 없이 겪는다. 실패했다는 생각에 주눅이 들어 갈피를 잡을 수 없는 순간도 만난다. 세상사에 어두워 불안정한 학창 시절에는 특히 더 그렇다. 이럴 때 괜찮다며 어깨를 토닥여주고 상처 난 마음을 어루만져주는 학교가 있다면 학창 시절이 더 행복하지 않을까.

꿈의 해오름
자전거 학교

두 발로 찾아가는 행복

꿈의 해오름 자전거 학교는 장학사가 직접 팔을 걷고 나서서 만든 학
교다. 장학사가 꿈의학교를 설립하는 것은 매우 이례적인 일이다. 이
학교는 광명시 관내 중학생 100여 명을 모아 문을 열었다. 그리고 광
명 초·중학교 교사 15명이 자원봉사자로 참여했다.

꿈의 해오름 자전거 학교가 추구하는 것은 '자기 삶의 주인이 되는 참
된 자유의 가치 배우기' '평화로운 삶을 위한 존중 실천하기' 등이지만
가장 궁극적인 목표는 '행복해지기'다.

자전거를 타면서 어떻게 참된 자유의 가치를 배우고, 평화로운 삶을
위한 존중을 실천하고, 행복을 찾는다는 것일까? 여러 가지 궁금증을
안고 꿈의 해오름 자전거 학교를 찾았다.

이 학교는 광명시 스피드 돔(경륜장)에 있다. 당연히 수업 장소는 경륜장일 거라 생각하고 찾아갔는데, 이날은 경기가 없어서 문이 닫혀 있다. 그럼 자전거 학교 아이들은 어디서 수업을 하는 것일까?

수업 장소는 자전거를 타는 곳과 거리가 먼, 경륜장 한편에 있는 강당이었다. 아이들이 한두 명씩 모여드는데 옷차림 역시 자전거 타기와는 거리가 좀 멀어 보였다. 이날 수업은 자전거 타기와 별 관련이 없는, 폐자원을 활용해 새로운 상품을 만드는 업사이클링 upcycling이었다. 자전거와의 관련성을 굳이 찾자면, 폐자전거 부품도 잘 손질하면 좋은 상품으로 다시 태어날 수 있다는 정도였다.

자전거를 타면서 꿈꾸는 평화로운 세상

교사로 보이는 이에게 교장이 누구냐고 물으니 이 학교에는 교장이 없다고 답한다. 그래도 학교를 책임지는 사람은 있지 않느냐고 다시 물었다.

"책임진다고 하긴 좀 그렇고, 아이들을 도와주는 사람은 있는데 그게 바로 접니다."

광명교육지원청 차미순 장학사였다. 이 학교를 세웠고 서류상 대표로

© 꿈의 해오름 자전거 학교

되어 있으니 설립자 겸 교장인 셈인데 그는 왜 교장이 없다고 말하는 것일까?

"정말로 없어요. 아이들이 그렇게 결정했어요. 아이들한테 교장이 없어도 되겠냐고 했더니, 없어도 될 것 같다고 해서 그러기로 했어요. 전서류상 대표지만 실제 하는 일은 행정 도우미예요. 실무자죠. 물론 교장이 없어도 학교는 잘 굴러가고 있어요."

그렇다면 현직 장학사가 직접 나서서 꿈의학교를 설립한 이유는 무엇일까?

"이 좋은 공간인 스피드 돔을 금, 토, 일요일만 쓰고 나머지는 비워두고 있더라고요. 교육 공간으로 활용하면 참 좋겠다고 생각하던 차에 경기도교육청에서 추진하는 꿈의학교 공모가 뜬 거죠. 그래서 청소년수련관, 평생학습원 등에 꿈의 자전거 학교를 만들어보면 어떻겠냐고 제안했지만 잘 받아들여지지 않았어요. 하는 수 없이 제가 직접 만들기로 하고 뛰어다녔죠."

콕 집어 말하진 않았지만 차 장학사가 자전거 학교 설립에 팔을 걷어붙이게 된 배경에는 '행복은 자전거를 타고 온다'는 그의 철학이 있다. 그는 환경오염과 그로 인한 생태 파괴 등 자동차가 가지고 있는 폭력

성을 자전거가 해결할 것이라 믿고 있다. 자전거 학교의 바탕에는 '학생 스스로 정신'과 함께 '행복은 자전거를 타고 온다'는 그의 확신이 녹아 있었다.

행복은 자전거를 타고 온다

"자전거 인구가 늘어나면 자연히 차도를 줄이고 자전거 도로를 늘리게 될 거예요. 꿈의 자전거 학교를 거쳐 간 학생들이 이 일을 해냈으면 좋겠어요. 덴마크 같은 유럽 선진국은 자전거 천국으로 알려져 있죠. 광명시가 그런 자전거 천국이 됐으면 좋겠어요. 만약 아이들이 덴마크를 견학하자고 제안했다면 어떻게든 갔을 겁니다. 모든 프로그램을 아이들 스스로 결정했거든요."

자전거 학교라고 해서 단순히 자전거만 타는 것은 아니다. 공동체 평화 교육이나 감수성 기르기 같은 공동체 정신을 키우기 위한 교육에서부터 자전거 영화 만들기, 자전거 모양 쿠키 만들기, 폐자전거 수리하기 등 매우 다양한 프로그램을 진행하고 있었다. 가장 기억에 남는 프로그램은 폐자전거 수리하기라고 차 장학사는 말했다.

"무더운 여름날, 온몸이 땀으로 범벅이 된 아이들이 자전거를 수리하

는데 그 모습이 참 인상적이었어요. 집중력이 굉장하더라고요. 교사 생활을 20년 이상 하는 동안 학교에선 볼 수 없었던 모습이었어요. 자기가 하고 싶어서 하고, 자기 스스로 결정한 일이라 그렇겠죠.

사실 자전거 모양 쿠키 만들기는 실패했어요. 실패를 예상했지만 말리지 않고 그냥 뒀어요. 실패할 여유를 주는 것도 좋을 것 같아서요. 자전거 학교는 실수나 실패도 허용하는 공간이니까요."

그중 가장 성공한 프로그램은 자전거 선발대이다.

"좀 거친 아이들, 그러니까 학교에서 맞장 뜨고 그러는 아이들 30여 명이 왔는데 도중에 모두 가버렸어요. 그땐 참 힘들었어요. 교사가 버젓이 있는데도 막 욕하고, 잘하는 아이들 방해하고…… 그런데도 어찌할 바를 몰라 멀뚱멀뚱 구경만 할 수밖에 없는 참담함을 겪어야 했어요. 나중에 그 가운데 5~6명이 다시 찾아왔는데, 과연 받아줘야 할지 정말 고민스럽더라고요. 하지만 결국 여기가 아니면 뒷골목에서 아이들 괴롭히기밖에 더 하겠나, 여긴 꿈의학교니까 이곳에서라도 받아줘야지 하는 마음이 생기더군요. 그 아이들을 위해 급히 만든 프로그램이 자전거 선발대예요."

이렇게 해서 만들어진 자전거 선발대의 활약은 눈부셨다. 이 아이들은 서포터인 교사와 함께 6시간을 달려 자전거 여행 예정지인 경인 아라

뱃길을 사전 답사한 뒤, 이 길이 아이들에게 너무 힘든 코스라는 사실을 알아냈다. 덕분에 좀 더 여유로운 코스인 한강 선유도로 자전거 여행지를 바꿀 수 있었다. 차 장학사는 자전거 선발대를 성공한 프로그램이라고 강조했다. 그 아이들도 무엇인가 할 수 있다는 것을 발견한 값진 경험을 했기 때문이다.

아이들의 열의가 교사에게 에너지를

행복이 자전거를 타고 오려면 해오름 자전거 학교 아이들과 더불어 서포터인 교사도 행복하면 좋을 텐데, 과연 그럴까? 자전거 영화 만들기의 서포터로 활동하고 있는 광명 북중학교 류서진 선생에게 행복하냐고 물었다.

"하루 12시간 넘게 일할 때도 있어서 덕분에 방학이 없어졌지만, 아마 아이들보다 제가 더 신나고 행복할걸요? 아이들 열의가 굉장해서 그 열의가 제게 에너지를 주고 있어요. 제도권 학교 안에서는 아이들이 잘 따르질 않아 교사가 종종 진이 빠지는 경우가 있는데, 여긴 달라요. 제가 '애들아 이렇게 해볼까?' 하면 아이들이 '선생님 이런 것도 있어요' 하고 스스로 해나가요. 제가 제시한 방향에다 플러스알파를 해내는 거죠. 수업할 때 저보다 먼저 와서 기다리는 것은 기본이고요. 내년에도 자전거 학교를 운영하면 꼭 다시 오고 싶어요."

자전거 영화는 시나리오 집필, 촬영, 연기까지 모두 학생들이 도맡아서 한다. 교사는 말 그대로 서포터일 뿐이다. 이 영화는 자전거가 사람으로 변해 주인공인 왕따 여학생을 도와준다는 얼개로 이루어져 있다.

> 왕따 여학생은 자전거를 무척 아낀다. 어느 날 자기를 괴롭히는 아이들에게 자전거가 구닥다리라는 말을 듣고는 욱하는 마음에 자전거를 버린다. 하지만 마음이 바뀌어 다시 찾으러 가보니 자전거가 사람으로 변해가지고 말을 한다. 그러나 다른 사람 눈에는 여전히 자전거일 뿐이다.

아이들도 행복한지 알고 싶어 인터뷰를 요청했는데, 마침 자전거 영화를 만들고 있는 중학교 학생들이었다.
"고통 끝에 행복이 왔죠." 중학교 2학년 조수민, 이현지, 김주은 학생은 누가 먼저랄 것도 없이 이구동성으로 답했다. 자전거 타는 게 힘이 들어 고통스러웠지만, 재미가 있으니 결과적으로 행복했다는 말이다.

"다른 곳에서 전학 와서 친구도 없고 우울했는데, 이곳에 와서 친구도 만났고 무엇보다도 자전거를 타면서 즐거웠어요." _김재영, 중 2

"자전거의 역사나 자전거 안전 수칙 등을 알게 돼서 유익했어요. 내년에도 오고 싶어요." _이승준, 중1

행복한 인생을 열어가는 꿈의학교

행복해지는 것이 목표인 꿈의 해오름 자전거 학교는 길을 잃지 않고 잘 나아가고 있었다. 기자의 인터뷰 요청에 시원하게 응하고, 거침없이 자기 생각을 밝히는 아이들의 모습에서 자존감을 엿볼 수 있었다. 자신이 의미 있는 일을 하고 있다는 것을 알고 있을 때 더 돋보이는 그런 자존감 말이다.

넘어지지 않고 잘 달릴 수 있을까 하는 막막하고 겁나는 기분. 자전거 타기를 배운 사람이라면 한 번쯤은 느껴봤을 것이다. 수도 없이 넘어져야 배울 수 있는 게 두 바퀴로 달리는 자전거다. 나 또한 그랬다. 초등학교에 입학하기 전, 제 몸보다 더 큰 자전거를 끌고 나갔다가 계속 넘어지기만 하고 온 날이면 어김없이 그런 기분이 들었다. 넘어지면서 생긴 상처에 딱지가 앉을 때쯤 중심을 잡을 수 있었는데, 그 순간 느낀 기쁨은 말로 다 표현할 수 없을 정도였다. 그 기쁨은 곧 '하면 된다'는 자신감이었다.

자신감은 실패를 극복했을 때 얻어진다. 하지만 우리의 교육은 '실패를 극복하라'고 하기보다는 '실패하지 말라'고 강요해온 게 사실이다.

실패는 곧 낙오였으니 아예 실패할 기회를 주지 않았다는 표현이 더 정확하다.

꿈의 해오름 자전거 학교는 실수나 실패를 허용하는 곳이다. 실패해도 좋으니 한번 도전해보라고 등을 떠밀어주기까지 한다. 여기에 '행복은 자전거를 타고 온다'는 독특한 철학이 더해져 행복한 꿈의학교로 거듭 나기 위해 꿈틀대고 있다.

이 꿈틀거림이 공교육, 나아가 우리 사회를 변화시킬 것이라고 확신한 다. 여러 꿈의학교를 취재하면서 나도 모르게 갖게 된 확신이다. 행복 한 학교, 행복한 인생을 살아갈 방법을 깨우쳐주는 꿈의학교는 우리 가까이에 있다.

학교에서 꿈을 꾸고 도전하라

학생 스스로, 실패해도 괜찮아, 마을이 곧 학교이자 공동체.

이 세 가지는 꿈의학교의 바탕을 이루는 정신이다. 이 가운데 꿈의학교가 2년 만에 거둔 가장 큰 성과는 '학생 스스로 정신'을 실현했다는 점이다.

이견은 없었다. 꿈의학교 2년을 되돌아보는 '꿈의학교, 꿈의교육' 좌담회에서 교육감을 비롯한 꿈의학교 관계자 모두가 '학생 스스로 정신을 구현했다'는 것을 가장 의미 있는 성과로 꼽았다.

이재정 경기도교육감, 박재동 꿈의학교 운영위원장, 윤계숙 전 꿈의학교 담당 장학관, 김경관 꿈의학교 담당 장학관이 꿈의학교 2년을 점검하고 앞으로의 방향을 제시했다.

이민선 2015년에 시작한 꿈의학교가 어느덧 2년이 되었습니다. 가장 큰 성과는 무엇일까요?

이재정 꿈의학교가 교육을 학교가 아닌 마을과 학생 중심으로 바꿔놓았습니다. 교육이라고 하면 그동안 학교만 생각했잖아요. 정부가 정한 교육 시수에 따라 선생님이 교육과정을 짜고, 학생은 등교했다가 수업이 끝나면 돌아오는 것의 반복이었죠. 교육을 학교 울타리 안에 묶어둔 겁니다. 배울 거리가 학교 밖에도 얼마든지 있고, 아이들 꿈이 학교 안이 아닌 학교 밖에 있으며, 마을에 교육 전문가가 많은데도 말입니다.
배울 거리를 교사가 아닌 학생이 직접 기획·준비해서 평가까지 했다는 것이 정말 중요합니다. 우리 교육에서는 처음 있는 일이죠. 학생은 그동안 주로 듣는 처지였으니까요. 기획·준비·평가는 교사의 임무였고요. 저는 이 점을 가장 큰 성과라고 봅니다. 학생의 변화가 눈에 띄게 보입니다.

박재동 동의합니다. 교육감님의 돌직구 스타일도 한몫했다고 봅니다. 꿈의학교를 팍팍 밀어붙이니 불같이 일어난 거예요. 너무 머리로 계산만 하면 안 됩니다. 좋다는 느낌이 들면 확 저지르는 것도 창조적인 리더가 해야 할 일 아닐까요?

이재정 꿈의학교 2년 동안 박재동 운영위원장님이 엄청난 영향을 주셨습니다. 운영위원장님이 안 계셨다면 꿈의학교가 이렇게까지 잘 운영되지 못했을 겁니다. 윤 장학관의 열정, 그 뒤를 이어 김 장학관이 내부를 잘 정리해주어 운영의 틀을 다질 수 있었습니다.

윤계숙 무엇보다 아이들이 스스로 할 수 있을 때까지 어른들이 느긋하게 기다려준 것이 큰 성과입니다. 교육을 바라보는 어른들의 시선이 바뀐 겁니다. 2015년에 처음 꿈의학교를 만들 때는 정말 자다가도 깨서 생각할 정도로 고민이 많았습니다. 그렇게 힘든 한 해를 보내고 이제는 성장한 아이들이 당당하게 살아가는 모습을 보면서, 대한민국의 교육을 이끌어갈 방향이 바로 꿈의학교라는 확신을 갖게 됐습니다.

김경관 꿈의학교 수가 계속 늘고 있습니다. 기초 지방자치단체가 예산을 지원하기 때문에 가능한 일입니다. 이게 인정받고 있다는 증거이니 긍정적인 신호라고 봅니다. 꿈의학교를 거쳐 간 학생이 그 경험을 바탕으로 원하는 대학, 원하는 학과에 들어갔다는 소식이 들리는데, 이 또한 큰 성과입니다. 꿈의학교를 처음 맡았을 때는 찬바람 부는 언덕에 서 있는 느낌이었는데, 요즘은 마음이 정말 따뜻합니다. 꿈의학교가 파격적인 혁신이 될 수 있다는 생각을 감히 해봅니다.

박재동 아이들이 스스로 꿈의학교를 만들기도 하는데, 저는 이런 식으로 하면 공교육도 변할 수 있다고 봅니다. 아이들 능력이 참 놀랍거든요.

컴퓨터 도사도 있고, 굉장한 아이들이 정말 많아요. 공부도 아이들끼리 할 수 있습니다. 3학년이 1학년을 가르치는 거죠. 언니나 오빠가 가르치는 것이 선생님이 가르치는 것보다 더 나을 수도 있어요. 가르치는 아이도 자신이 알고 있던 지식을 더 확실히 알게 됩니다.

저는 요즘 제 인생을 통틀어 가장 멋진 일을 하고 있습니다. 아이들의 삶과 미래를 바꿀 수 있는 꿈의학교라는 일이죠. 꿈의학교가 성장하는 모습을 보면 정말 설렙니다.

김경관 네, 맞습니다. 가장 잘 배울 수 있는 방법은 누군가를 가르쳐보는 겁니다.

이민선 학생들이 꼽은 최고의 성과도 '학생 스스로 정신'입니다. 그런데 지금은 덜하지만 꿈의학교를 시작할 때 학교 안에서 서운하다는 목소리가 많이 흘러나왔습니다. 공교육을 대표하는 교육청에서 일반 학교가 아니라 학교 밖 학교인 꿈의학교에 어째서 공을 들이냐는 볼멘소리였습니다. 또한 꿈의학교를 지원하느라 혁신학교를 등한시하는 게 아니냐는 우려도 있었는데요.

이재정 꿈의학교는 결코 공교육과 동떨어져 있지 않습니다. 학교 교육을 뒷받침하는 학교인 거죠. 꿈의학교를 경험한 아이들이 변화하여 학교 수업에 더 열정적으로 임하는 모습을 2년 동안 많이 보았습니다. 학교

만 가지고는 충분한 교육이 이루어질 수 없어요. 마을에 있는 자원을 다 동원해서 아이들을 가르쳐야 합니다.

430여 개의 혁신학교를 운영하는 데 260억 원 정도 투입합니다. 이에 비하면 꿈의학교에 들어가는 비용은 아주 적습니다. 360여 개의 꿈의학교를 운영하는 데 47억 원 정도를 지원하니까요. 지방자치단체에서도 31억 원 정도 투입하는데, 점점 늘어나는 추세입니다. 이게 중요한 점입니다. 혁신학교는 우리 쪽에서만 지원하지만, 꿈의학교는 지자체에서도 지원한다는 거죠.

김경관 꿈의학교에 투자하는 게 교육적인 측면에서 손실이라고는 절대 생각하지 않아요. 학생들의 꿈을 찾게만 해준다면 공교육에 투자하든 꿈의학교에 투자하든 상관없다고 봅니다. 꿈의학교와 혁신학교를 따로 분리해서 볼 수 없는 거죠. 혁신학교의 장이 확대된 것이 바로 꿈의학교입니다. 두 학교 모두 아이들이 스스로 꿈을 꾸고 도전하게 하는 것이 목표거든요.

박재동 좋은 의견입니다. 혁신학교와 꿈의학교는 서로 대립적인 것이 아닙니다. 자발성과 창의성을 주어 교육을 혁신하는 게 혁신학교이고, 이 방침을 학교 밖에까지 확대한 것이 꿈의학교이니, 꿈의학교를 혁신학교의 외연 확대로 봐야겠지요.

윤계숙 처음에는 선생님들의 냉대로 참 마음이 아팠습니다. 왜 공교육에서 할 수 있는 일을 학교 밖에서 하느냐, 교육청이 교사를 못 믿어서 그러는 거 아니냐며 공격했어요. 그런데 꿈의학교에 직접 참여한 뒤에는 아군으로 바뀐 분들이 많습니다. 공격하던 분들이 막상 해보니 그렇지 않다, 아이들이 변하는 게 보인다, 이 아이들이 공교육도 바꿔낼 수 있을 것 같다며 희망을 전해 왔어요. 정말 앞으로 꿈의학교 아이들이 공교육을 바꿔내면 좋겠어요.

이민선 꿈의학교를 어떻게 확대·발전시켜야 할까요? 교육감이 바뀌면 꿈의학교가 끝날 거라는 말까지 들립니다.

이재정 학생이 스스로 학교까지 만들고 있어요. 어느 정도 자리를 잡았다고 봐야 합니다. 그렇기 때문에 이제 꿈의학교가 잘되느냐 안 되느냐는 학생들 손에 달렸다고 봅니다. 이미 교육감의 손을 떠난 거죠.

윤계숙 학부모를 비롯해 마을이 팔 걷고 나섰기 때문에 앞으로 잘될 것 같습니다. 여기서 멈출 일도 없어 보이고요. 자기 자녀를 키우는 일이라 학부모는 절대 포기하지 않아요. 그러니 예산 지원만 계속된다면 꿈의학교는 멈추지 않을 겁니다. 게다가 아이들의 변화가 계속 확인되고 있어서 시·군에서도 예산 지원을 지속하리라 봅니다.

박재동 아이들의 꿈을 찾게 해야 하는데, 그러려면 실제 삶을 경험하게 해야 합니다. 적성검사 같은 걸로 될 일이 아니에요. 진짜 적성을 알려면 초등학교 때부터 돈을 벌어봐야 해요. 포장마차도 해보고 푸드 트럭도 해보고 회사도 만들어보고…… 그래야 돈 버는 게 어렵다는 것, 경제활동을 하는 어른들이 존경스럽다는 걸 느껴요. 그러면서 이 길이 내 길인지 아닌지도 알 수 있고요. 이런 실제 삶을 경험해야 고등학교 졸업할 때쯤에는 자기가 무엇을 해야 할지를 발견할 수 있습니다.

김경관 교육은 교사의 질을 뛰어넘기가 어렵다는 말이 있는데, 꿈의학교도 마찬가지라고 생각됩니다. 그래서 아이들을 지원하는 교장이나 강사, 멘토의 역량을 강화하기 위한 노력이 필요하다고 봅니다. 마을이 지속적으로 관심을 가져야 하는데, 특히 기초 지방자치단체의 지속적인 지원이 중요합니다. 또한 양적 확대를 하면서 균형 발전을 이루는 것이 중요한데, 신도시보다는 상대적으로 낙후된 구도시에 꿈의학교가 더 많이 생겼으면 좋겠습니다.

이민선 꿈의학교를 꿈의대학으로 확장한다고 하던데요, 어떤 내용입니까?

이재정 야간자율학습 폐지와 더불어 시행하기로 한 것이 꿈의대학입니다. 한마디로 꿈의학교의 연장선이라고 보면 됩니다. 서울, 경기 등지에 있는 86개 대학이 참여해 4월부터 본격적으로 시행하기로 했어요. 대학이 총 2000여 개의 과정을 만드는데, 학생들이 자기 진로와 적성을 경험하는 과정으로 짜여 있습니다.

밤 11시까지 아이들을 학교에 붙잡아두면 대학 입시 성적은 나아질지도 모르죠. 하지만 모두 다 대학을 갈 필요는 없잖아요. 답을 맞히는 교육은 시대에 뒤떨어진 교육입니다. 답은 인터넷에 거의 다 있어요. 이제는 스스로 생산하고 스스로 자기 길을 찾게 해야 합니다. 학생들의 꿈이 사실은 엄마 아빠의 꿈인 경우가 많아요. 어느 대학에 가라, 어느 분야의 일을 해라. 조정래 작가의 소설 《풀꽃도 꽃이다》를 읽어보면 분명히 나옵니다. 그런 방법은 아이들한테 죄짓는 거예요. 아이들의 꿈과 미래가 따로 있을 수도 있거든요.

박재동 몇 년 전 고려대학교 졸업식장에 붙은 플래카드 기억나십니까? "고대 나오면 뭐하나 백수인데." 이게 요즘 아이들의 현실이에요. 제가 대기업 입사 시험 스펙 체크하는 분에게 들은 말인데, 요즘은 일류 대학에서 학점 4.0 받은 사람은 무조건 자른답니다. 인공지능 세상으로 바뀌다 보니 시키는 대로 잘하는 관리형 수재가 필요치 않은 거예요. 시대가 달라졌습니다. 새로운 것을 찾아 모험하고, 자기 철학이 있고, 우정을 알고, 자신과 세상에 대해서 진지하게 고민해본 사람이 필요해진 겁니다.

윤계숙 2016년에 EBS FM 〈라디오 행복한 교육세상〉이라는 프로그램에 학생 스스로 만드는 꿈의학교를 직접 운영한 학생들과 함께 출연한 적이 있습니다. 아나운서가 "다른 학생들은 국영수 학원 다닐 때 여러분은 꿈의학교 만드느라 시간을 버리고 있는데 아깝지 않아요?"라고 묻자 한 학생이 "인생은 굉장히 깁니다. 지금 한 달, 두 달 꿈의학교 만들어보는 일은 어디에서도 할 수 없는 소중한 경험이에요. 국영수는 꿈의학교 끝나고 집에 가서 하면 되고요"라고 하는 거예요. 그때 정말 놀랐어요.

이민선 꿈의학교에서는 아이들을 당당한 사회 구성원으로 인정해주고 있는데요. 이와 관련해 선거 연령을 만 18세로 낮추는 방안에 대해 어떻게 생각하십니까?

이재정 OECD 회원국 중 우리나라만 유일하게 선거 연령이 만 19세입니다. 하루빨리 만 18세로 낮춰야 하고, 교육감 선거 연령도 만 16세로 낮춰야 합니다. 지금 고등학생들을 보면 정말 어른스러워요. 사회·역사적인 상황 판단 능력을 충분히 갖추고 있습니다. 국가의 미래를 만들어가는 데 청소년들이 맑은 눈으로 결단성을 가지고 참여하면 국가의 미래가 밝아질 거라고 봅니다.

박재동 학생들은 대접하는 만큼 행동합니다. 애 취급하면 애처럼 하고,

어른으로 대접하면 어른처럼 합니다. 이건 어른도 마찬가지죠. 어떤 정책을 만들어야 하고 어떤 정책을 지지해야 하는지, 학생들도 어릴 때부터 체험해야 합니다. 학생들이 정치·사회에 관심 없다고들 하는데, 아마 투표권이 없어서 그런 걸 거예요. 선거 연령을 낮추면 아이들은 분명 관심을 가질 겁니다. 선거 연령을 낮추면 낮출수록 빨리 성장합니다.

윤계숙 전적으로 동의합니다. 학생들에게 권리가 주어지면 세상 돌아가는 일에 관심을 갖게 될 겁니다. '난 선거권이 없으니 상관없는 사람이야!'라고 생각하면 정말 무관심해집니다. 투표를 하게 되면 판단하는 능력도 길러질 거예요. 민주 시민이 되는 교육이 이루어지는 거죠.

김경관 저도 물론 선거 연령 낮추는 데 찬성합니다. 덧붙여 교육적 접근도 필요하다고 봅니다. 학교에서 반장 선거를 할 때도 손 팻말을 들고 선거운동을 합니다. 후보자는 공약도 발표하고요. 학생들이 하기엔 쉽지 않겠지만 공약 검증 토론 같은 것을 대통령 선거나 교육감 선거 때도 아이들이 직접 하면 좋겠어요.

이민선 꿈의학교를 시작하게 된 배경이나 직접적인 계기가 무엇인지 궁금해하는 분들이 많습니다.

이재정 시험 점수를 기준으로 학생들을 나누고 서로 경쟁시키는 것에 대한 안타까움이 계기라면 계기랄까요. 이 문제가 교육을 피폐하게 만들고 결과적으로 교육을 망쳤다고 봅니다. 그래서 꿈의학교는 어떤 눈에 띄는 성과를 기대하지 않습니다. 중요한 건 그게 아니거든요.

학생에게 작은 변화라도 보이면 그게 바로 성과입니다. 꿈의학교에서는 학생에게 도전을 해보라고 끊임없이 권하는데, 어떤 결과가 나오지 않는다거나 실패를 해도 괜찮아요. 전 그것도 성공이라고 봅니다. 도전을 해보지 않으면 그것마저도 모르거든요. 점수로 나누는 게 아니라 아이들이 꾸밈없이 성장하는 것을 돕는 게 교육입니다. 그래서 만든 것이 꿈의학교입니다.

이민선 꿈의학교를 담당한 첫 장학관으로서 중점을 둔 방침은 무엇입니까? 또 미처 하지 못해 아쉬운 점이 있다면 말씀해주십시오.

윤계숙 처음에 꿈의학교 계획서를 만들어서 교육감님에게 가져갔는데 "우리가 이걸 하려는 게 아닌데……"라고 하시더군요. 갑자기 머리가 하얘졌죠. 다시 기획을 하면서 우리가 사업을 하려는 게 아니라 교육 운동을 하려는 것임을 깨닫게 됐습니다. 그러자 실타래 풀리듯 일이 풀렸어요. 가장 중점을 둔 부분이 '정신'이었고, 특히 '학생 스스로 정신'에 초점을 맞췄습니다. 그러다 보니 염려스러운 점도 바로 이 부분이에요. 학교 수 확대 같은 양적 성장만 하다 보면 자칫 '학생 스스로 정신' 같은 질적인 면을 놓칠 수 있다는 거죠.

'학생이 만들어가는 꿈의학교'를 시작만 해놓고 제가 나왔는데 그게 아쉬워요. 아이들이 지속적으로 이 학교에 참여할 수 있는 구조를 만들어놓았어야 했는데 그걸 못 했어요. 꿈의학교를 경험한 학생들의 역량으로 공교육도 바꿨으면 좋겠는데, 그 힘이 정말 있는 건지 검증하는 연구를 못 한 점도 아쉽습니다.

꿈의학교를 경험한 아이들이 대학 입시 제도도 바꿨으면 좋겠어요. 수학능력시험을 치른 뒤 대학에 가는 것이 아니라 가고 싶은 대학, 적성에 맞는 대학을 선택해서 갈 수 있는 입시 제도가 필요합니다.

이민선 해마다 꿈의학교 공모가 이뤄집니다. 선정되려면 기획안에 어떤 내용이 담겨야 할까요?

김경관 학생이 배움의 주체가 될 수 있도록 계획을 짜는 게 중요합니다. 무엇인가를 가르치려고 애쓰지 말고, 무엇을 배우고 싶은지 학생에게 물은 뒤 그에 필요한 강사 등을 지원한다는 내용이 기획안에 담겨 있으면 좋겠어요. 특히 강조하고 싶은 것은 꿈의학교별로 운영위원회를 구성해주십사 하는 겁니다. 학생도 운영위원에 포함해서 학생 의견을 적극적으로 학교 운영에 반영했으면 좋겠어요. 학생이 안전하게 배울 수 있는 장소가 있으면 좋겠고, 학생 수도 20명은 넘었으면 합니다. 수업 시간도 최소 40시간이 넘는 게 바람직합니다.

이민선 박재동 화백님은 '학생이 만들어가는 꿈의학교'를 경기도교육청에 제안하셨죠. 꿈의학교 운영위원장으로서 열정을 발휘하셨는데, 좌담의 마무리 말씀을 부탁드립니다.

박재동 제가 미술 교사 출신입니다. 그때만 해도 아이들에게 학교가 즐겁고 행복하냐고 물으면, 그냥 가야 하니까 가는 거고 안 가면 안 되니까 간다는 식의 반응이 나왔어요. 청춘의 노른자위를 학교에서 다 보내는데 학교가 행복하지 않은 거죠. 그렇다 보니 학교에서 행복한 시간을 보내면 얼마나 좋을까, 그러면 세상이 얼마나 기쁨으로 가득할까라는 생각을 많이 했습니다.

다행히 혁신학교가 아침에 등교하고 싶은 아이가 많은 곳으로 학교를 바꾸어놓았어요. 거기에서 좀 더 욕심을 낸 게 꿈의학교입니다. 학생 스스로 기획해서 무엇인가를 해보고, 무엇인가에 팍 꽂혀서 열정을 쏟을 때 어마어마한 에너지가 생깁니다. 말려도 하게 되고 어려움도 이겨낼 수 있는 건 물론이고요. 이게 바로 꿈의학교입니다.

요즘 청년들이 참 힘들어해요. '헬조선'이라는 말이 나올 정도니 말입니다. 그동안 어른들이 이렇게 말해왔잖아요, 너희들 쓸데없는 짓 하지 말고 공부만 열심히 하면 좋은 대학 나와서 행복하게 살 수 있다고요. 그런데 나와 보니 직장도 없는 헬조선인 거예요. 어릴 때부터 하고 싶은 일에 도전도 해보고 실패도 해보고 어른들 사이에서 일도 해보고 돈도 벌어봐야 하는데, 그렇게 해보지 못했으니 그럴 수밖에요.

그러니 지금부터라도 그렇게 해야 합니다. 꿈의학교에서 초·중·고 12년을 보내고 나면 세상을 살아갈 자신감이 생겨야 합니다. 어른들이 보고 싶은 것이 바로 그런 모습이죠. 지금처럼 우왕좌왕하면 안심하고 눈을 감을 수가 없어요. 지금부터라도 아이들을 삶의 광장으로 내보내야 합니다. 아이들은 광장에서 갈등하고 실패할 권리가 있어요. 12년이면 충분히 할 수 있어요. 그래야 다음 세상을 아이들한테 맡길 수 있을 것 같습니다.

여러분이 인류 역사상 첫 사람, 창조자입니다

여러분! 여기 앉아 있는 여러분은 이 지구가 생긴 이래로 첫 사람입니다. 아주 옛날에는 제사장같이 아주 소수의 특별한 사람끼리만 교육을 했습니다. 그다음에는 귀족이나 양반같이 특권층에만 교육이 이루어졌습니다. 지금처럼 모든 국민이 다 교육을 받게 된 지는 얼마 되지 않습니다. 모든 국민이 다 글자를 배우고 숫자를 깨우치니 얼마나 좋습니까!

그러나 이 교육은 어디까지나 어른들이 여러분에게 교육을 한 것입니다. 아무리 좋은 교육이라 해도 여러분은 교육을 당한 것이고, 평가받고 등급까지 받은 것입니다.

하지만 여러분은 앞으로 스스로 커리큘럼을 짜고 배우고 가르치는 학교를 운영해야 하며 자신을 평가해야 합니다. 평가는 하지 않아도 상관없습니다. 쇠고기처럼 등급을 나누지 않아도 됩니다. 여러분만이 아는 기쁨과 보람과 아쉬움으로 평가하면 됩니다.

지구상에 이런 시도가 없었던 것은 아니지만, 이렇게 확실한 공적 제도로서 학생이 학교를 만들어 온전히 운영한 일은 없습니다. 아직 실감할 수 없겠지만, 이 일은 실로 엄청난 것입니다.

저는 오늘이 얼마나 기쁜지 모릅니다. 저는 아주 어렸을 때부터 그림을 그리는 등 예술을 해왔습니다. 제게는 생명보다 귀중한 일입니다. 하지만 여러분의 이 모습이 너무나 좋아서 난 이대로 그냥 죽어도 괜찮을 것 같습니다.

여러분은 시키는 일만 하는 사람이 되지 마십시오. 창조자가 되십시오. 여러분은 창조자입니다. 이제 여러분은 이 세상 누구도 가보지 못한 길을 갑니다. 저더러 여러분에게 해주고 싶은 이야기를 하라고 했지만, 사실 저는 여러분보다 모릅니다. 이 일을 기획하긴 했어도 체험하지 못했기 때문입니다.

학교를 만들어 활동해보니 어떻더냐고 물었을 때 누가 대답을 할 수 있습니까? 저입니까, 여러분입니까? 오직 여러분만이 압니다. 여러분만이 그 맛을 압니다. 그래서 여러분이 인류 역사상 첫 사람이라고 말하는 것입니다.

여러분은 이제까지 어느 학생도 맛보지 못한 새로운 기쁨을 만들고 누리는 세상을 만드시길 바랍니다. 새로운 삶의 길을 걸으십시오. 그리고 우리에게 가르쳐주십시오. 우리는 여러분에게 배울 준비가 되어 있습니다. 어떤 일을 하든 여러분이 좋아하고 기뻐하는 일을 하십시오. 그게 얼마를 버느냐보다 더 중요합니다. 여러분은 충분히 그럴 수 있습니다. 머리 싸매고 대학에 가려고만 하지 말고 대학도 스스로 만드십시오. 새로운 대학, 새로운 학문을 만드십시오. 그래야 세상이 바뀝니다. 할 수 있겠죠?

― 박재동 꿈의학교 운영위원장, 2016년 7월 '꿈의학교 콘퍼런스' 발표 글

어떤 인생을 살 것인가

학생들의 꿈을 찾아주기 위해 만들어진 꿈의학교. 이곳에서 아이들은 정말 꿈을 찾았을까? 꿈의학교 2년을 지나면서 학생들의 이야기를 직접 듣는 자리를 마련했다. 학생들이 몸으로 느낀 꿈의학교는 어떤 모습인지 궁금했고, 그 속에서 꿈의학교의 미래를 내다보고 싶었다.

한예준(대안학교, 18세) · 이예진(홈스쿨링, 19세) 학생은 꿈이룸학교에서 꿈을 키웠다. 이세인(고 2) 학생은 사과나무숲 꿈의학교를 경험했고, 이영준(고 2) 학생은 김포 콩나물 뮤지컬 꿈의학교에서 활동했다. 정민지 학생은 남양주 영화 제작 꿈의학교를 거쳐 자신이 원하는 다이나믹 미디어학과에 입학했다. 조용진(고 3) 학생은 청소년 공연 전문가 꿈의학교에서 꿈을 키우다가 자신이 원하는 연극연기과에 합격했다.

이민선 꿈의학교는 여러분에게 어떤 의미였나요?

정민지 저에게 꿈의학교는 청춘을 뜻있게 맞이할 수 있도록 해준 소중한 경험이었어요. 20대인 저에게 분신과도 같은 영화를 선물해주었거든요.

이영준 인생의 반환점이 돼주었어요. 콩나물 뮤지컬 꿈의학교에 가지 않았다면 그냥 집에서 빈둥빈둥 놀았을 것 같아요. 꿈의학교에서 무엇인가를 하면서 전환점을 맞이한 거죠.

조용진 꿈의학교를 통해 제 꿈이 무엇인지 알게 됐어요. 전문적인 공부도 할 수 있었고, 대학에도 진학하게 됐어요. 꿈의학교를 몰랐다면 지루하고 평범하게 지냈을 것 같아요.

이세인 꿈의학교는 제 인생의 즐거움이었어요.

이예진 저는 고등학생 시절에 일반 학교 대신 꿈의학교를 다녔어요. 그래서 의미가 더 남달라요. 열일곱 살 때 스스로 학교를 그만두고 홈스쿨링을 시작했는데, 그때부터 열아홉 살인 지금까지 홈스쿨링을 하면서 꿈의학교에서 활동하고 있어요.

한예준 꿈의학교는 저에게 세상을 넓게 바라볼 수 있는 계기를 마련해주었어요. 세상을 바라볼 수 있는 창이 되어준 거죠. 다양한 또래와 마을 어른을 만나면서 세상을 보다 넓게 볼 수 있어서 좋았어요.

이민선 10대 시절에 스스로 꿈을 찾고 세상을 넓게 바라볼 수 있는 경험은 정말 소중하죠. 원하는 전공을 찾아 대학에 진학한 것도 진심으로 축하합니다.

정민지 고맙습니다. 한 우물만 판 덕에 제 꿈을 찾은 것 같아요. 원래 음향과 영상에 관심이 많았어요. 그러다가 영화 제작 꿈의학교를 만나서 경험을 쌓았고요. 수업 내용보다는 다양한 경험이 대학 진학에 많은 도움을 준 것 같아요. 꿈의학교 경험을 자기소개서에 썼고 면접할 때도 자신 있게 이야기했어요. 꿈의학교가 저에게 든든한 경력이 된 거죠.

조용진 대학 진학이 참 난관인데, 어렵다고만 생각하지 말고 꿈의학교에서 하듯 그냥 즐겼으면 좋겠어요. 즐기면서 열심히 하다 보면 언젠가는 이루어지지 않을까요? 꿈의학교에 참여하면서 무대에서 공연하기 위해 체력 단련 등 신체 훈련도 했고, 뮤지컬을 직접 만들어 무대에 올리기도 했어요. 이 경험이 대학 진학에 도움을 준 것 같아요.

이민선 꿈의학교에서 많은 것을 얻었다고 했는데요. 어떻게 하면 꿈의학교가 더 발전할 수 있을까요?

정민지 학생 주도로 영화를 만들어야 하는데, 간혹 학부모나 마을 어른들이 도와준다면서 개입하는 경우가 있어요. 이럴 경우 학생이 주도적으로 진행을 할 수가 없어요. 이런 점을 주의하면 더 좋은 작품이 나올 수 있지 않을까요?

이예진 초등학생들은 본인 생각이 아닌 학부모의 의지로 오는 경우가 많아요. 이런 친구들은 스스로 온 게 아니라 즐기기가 어렵고 힘들어하죠. 어린 친구일수록 더 세심히 학생의 의견을 존중해주면 좋겠어요.

이영준 꿈의학교의 정신, 특히 장점을 잘 유지하면서 학교 수를 늘렸으면 좋겠어요. 무작정 늘리다 보면 질이 떨어질 수도 있으니까요.

이세인 사과나무숲 꿈의학교에는 드림 캐스터라는 게 있어요. 학부모가 참여해 아이들을 도와주는 것인데, 이런 새로운 시도가 많이 이루어지면 좋겠어요. 물론 아이들을 방해하지 않는 선에서요.

한예준 꿈의학교가 전국으로 확대되면 좋겠어요. 꿈의학교 정신을 공교육에서 받아들이면 우리나라 교육이 정말 좋아질 것 같아요.

이민선 꿈의학교의 목표가 학생들의 꿈을 찾아주는 것인데, 여러분은 꿈을 모두 찾았나요?

한예준 다양한 경험을 재미있게 할 수 있었어요. 그러면서 꿈이란 것에 대해 깊이 생각할 수 있었고요. 어떤 일을 하며 살 것인가를 넘어 어떤 삶을 살아야 할 것인가의 문제로 생각이 확장됐어요. 저는 영화감독이 되고 싶었는데 이 꿈을 꿈의학교에서 구체화할 수 있었어요.

이예진 꿈의학교에 오기 전이나 지금이나 여전히 뚜렷한 직업을 생각하고 있지는 않아요. 그보다는 '어떤 사람'이 되고 싶다는 생각을 참 많이 했어요. 제가 좋아하는 일 중에 하나를 찾아 직업으로 삼을 것 같아요.

이영준 제 꿈은 원래 영상 촬영이었어요. 그래서 콩나물 꿈의학교 영상 촬영 팀에 들어가 활동을 했죠. 어느 날 배우 팀 학생 하나가 배역을 펑크 내서 그 자리를 채우려고 배우 팀에 합류하는 바람에 연기가 무척 재미있다는 사실을 알게 됐어요. 그래서 영상 촬영을 할지, 배우를 해 볼지 고민하고 있어요.

정민지 저는 원래 음향에 관심이 많았어요. 그런데 꿈의학교에서 지속적으로 영상을 접하고 영상 편집을 하면서 영화에 매력을 느꼈어요. 꿈의학교에서 활동하면서 꿈이 분명해진 거죠.

이세인 저는 역사를 공부하는 게 꿈이에요. 그래서 선사시대를 경험하고 싶어 움집을 지어봤어요. 몸으로 직접 체험을 하니 참 좋았어요. 우린 다듬어진 나무로 집을 지었는데, 조상님들은 생나무를 베어다가 직접 다듬어서 움집을 지었다는 사실을 알고 정말 놀랐어요. 존경심도 생겼고요.

이민선 꿈의학교와 일반 학교는 어떤 점이 다른가요?

정민지 꿈의학교에서는 스스로 찾아서 해야 하니까 주입식 교육과 많이 달라요. 수동적으로 움직이는 교육이 아니라 원하는 것을 찾아서 만들어가는 교육이라는 점이 가장 큰 차이죠.

조용진 입시 학원은 대학 진학이 목표라서 자연스럽게 경쟁심이 생길 수밖에 없는데, 꿈의학교는 그렇지 않아요. 함께 즐기다 보니까 영차, 영차 하면서 서로 돕게 돼요. 그러다 보면 저도 모르는 새 실력이 늘게 되고요. 즐기면서 활동을 한 것이 대학 진학에 도움을 준 것 같아요.

이영준 여기선 실패해도 괜찮다는 점이 달라요. 학교나 학원은 실패하면 혼나잖아요. 콩나물 꿈의학교에서는 아예 실패의 경험을 맛볼 수 있도록 자리를 마련해줘요. 한번 넘어져보라는 의미의 '꽈당 콘서트'가 열리거든요.

한예준 저는 초등학교부터 대안학교를 다녀서 차이점을 잘 모르는데, 일반 학교를 다닌 친구들의 말을 들어보면 가장 큰 차이점은 학생에 대한 믿음 같아요. 일반 학교 선생님들은 아이들을 잘 믿지 않는다고 해요. 그런데 꿈의학교 선생님들은 학생들을 믿어주려고 최대한 노력하는 것 같아요. 믿고 있으니까 성공을 하든 실패를 하든 스스로 해보라고 맡기는 거겠죠. 그래서 더 열심히 하게 됐어요.

이민선 꿈의학교에 다니면서 에피소드도 많았을 것 같아요. 재미있었던 일이나 힘들었던 일이 있으면 소개해주세요.

이예진 2015년에 '포롱포롱포로롱 꿈의학교'에서 푸드 트럭을 만들어 노점상을 하다가 망한 적이 있어요. 저희가 직접 만든 학교였어요. 푸드 트럭도 아이들과 의논해서 전부 결정했거든요. 엄청 고생을 하고 나니 장사는 함부로 시작해선 안 되는 일이라는 걸 깨달았어요. 컵밥, 어묵, 커피를 팔았는데 대부분 요리를 해본 경험이 없어서 많이 힘들었어요. 추운 겨울이라 손도 무척 시렸고요. 싸게 팔면서 최고의 재료를 쓰다 보니 장사를 해도 별로 남는 게 없더라고요.

이민선 만약 꿈의학교가 없었다면 어디에서 꿈을 찾기 위해 노력했을까요?

이세인 중 1 때부터 제 꿈은 확고했어요. 저는 꿈의학교에 꿈을 찾으러 간 게 아니라 제 꿈에 대해 더 많이 알고 싶어서 갔어요. 꿈의학교가 없었다면 아마 교실에서 하는 정적인 역사 교육에 묶여 있었을 것 같아요. 꿈의학교에서 몸으로 체험하는 역사 공부를 할 수 있어서 정말 좋았어요.

정민지 저는 지금처럼 영화에 확신을 갖지 못했을 것 같아요. 음향 쪽 일을 하고 싶다는 생각은 있었지만, 영화를 염두에 두고 있지는 않았거든요. 꿈의학교가 없었다면 영화는 그저 즐기는 취미 정도에 그쳤을 것 같아요.

이예진 꿈의학교에서 다양한 경험을 하면서 행복하다는 걸 느꼈어요. 꿈의학교가 없었다면 이런 행복감을 느끼지 못했을 것 같아요.

이민선 어느새 이야기를 마칠 시간이 됐네요. 혹시 꼭 하고 싶었는데 못 다 한 이야기가 있나요?

정민지 돈을 벌어야 한다는 현실적인 걱정 때문에 꿈을 찾지 못하는 친구들이 간혹 있는데, 너무 안타까워요. 포기하지 말고 하고 싶은 일을 끝까지 해나간다면, 그런 걱정도 사라질 거라 믿어요. 친구들에게 이 말을 꼭 해주고 싶어요.

꿈의학교 목록

■ 2015년 (143개 학교)

ㄱ

가평 팜파티 축제 꿈의학교 (가평, 고1~2) 푸드코디네이터 등 지역 로컬푸드 직업 체험
감각의 숲 '따옴' 프로젝트 (고양, 중~고) 장애인, 비장애인 함께하는 예술교육
같이 하자! (여주, 초) 동아리 활동으로 '끼 찾기', 이웃과 지역 애정도 향상
겨울 작은도서관 학교, 힐링교실 (수원, 초3~6) 독서교육, 토론, 인문학, 작품배경 답사
경기북부 역사로 미래로 평화실천 꿈의학교 (의정부, 중~고) 역사교육, 시민의식 고취
고양 미디어아트 꿈의학교 (고양, 초4~중2) 디지털 매체와 새로운 기술 학습
고양 유레카 발명 꿈의학교 (고양, 중) 정보통신기술 제품, 서비스 활용, 생활 창작
공부야! 놀자 무한도전 프로젝트 꿈의학교 (경기전체, 초4~중) 기초학력 다지기, 학업성취
광명심포니와 함께하는 꿈의학교 '뮤직스쿨' (광명, 초~고) 다양한 음악 기회, 진로 탐색
광주 최상범 교수의 꿈의 골프학교 (광주하남, 중) 골프를 통한 자존감 회복, 진로 탐색
군포 꿈의 개그학교 (군포의왕, 초4~고) 개그를 활용해 마을과 사회로 나아가는 체험
그 시절, 우리가 기억하는 분들 (광주, 중~고) 일제강점기 애국지사 탐방, 역사 탐구
김포 청소년 오케스트라 꿈의학교 (김포, 초3~고) 문화예술 통한 인격 형성, 마을잔치
김포 콩나물 뮤지컬 꿈의학교 (김포, 중2~고) 예술 활동으로 재능 개발, 공연 기획
꿀잼학교 (파주, 초6~중) 마을 탐방, 마을을 무대로 자아 탐색, 건강한 에너지 전파
꿈·끼학교 (가평, 초3~고3) 보호와 교육이 필요한 청소년들의 꿈과 끼 찾기
꿈디자인나래학교 (파주, 초1~3) 저소득층과 맞벌이 가정 학생의 꿈 찾기, 상담
꿈마니 토요진로학교 (수원, 초4~중3) 직업 정보 제공, 수원 지역의 미래 직업 조망
꿈을 만드는 토요비전학교 (이천, 중1~고2) 도농지역 청소년 진로 탐색, 미래 설계
꿈의 뮤지컬 학교 (의정부, 중~고) 청소년들이 직접 뮤지컬 제작, 진로 탐색
꿈의 해오름 자전거 학교 (광명, 중1~2) 자전거를 통해 함께 사는 세상 배우기
꿈이룸학교 (의정부, 초5~고) '공간, 길, 사람' 23개 프로젝트 진행
꿈 찾아 소리 찾아 떠나는 음악여행 (안양, 초~중) 자유로운 표현, 무대공포 극복
꿈틀ⓔ 학교 (고양, 중~고) 학생 스스로 적성 찾기, 봉사활동으로 공동체 의식 고취

ㄴ-ㄷ

나를 발견하는 나발학교 (남양주, 중1~고3) 통합문화예술교육, 자아와 삶의 의미 발견
나무 시각예술학교 (부천, 중3~고2) 예술적 표현 방법 발견, 창의성 고취, 작품 발표

남양주 영화 제작 꿈의학교 (구리남양주, 중~고) 연출·연기·촬영, 영화 제작, 지역 연대
내 마음이 편안한 학교 (용인, 초1~고3) 쉼을 통해 삶의 방향 찾기, 독서 치료
네바퀴 꿈의 여행학교 (화성, 중1~고2) 여행 통한 자기 성찰, 직업 체험, 봉사 활동
도예로 인생을! 목공으로 창의를! (김포, 초5~6) 도예·목공으로 자아 탐색, 소질 계발
도전과 용기의 탐험학교 (하남, 중~고) 모험심·자신감·호연지기 기르기, 문화유산 학습
독도사랑학교 (용인, 중~고) 독도 알리기 실천, 홍보자료 제작, 연극 제작, 독도 방문
동두천양주 청소년 공연 예술학교 (동두천양주, 중~고) 소외계층 학생 문화예술 교육
두드림학교 (안양, 고1) 진로 고민, 사회적 제약에서 벗어난 자아성찰과 미래 설계
드림 잡(dream job)으로 꽃피우는 복사골 (부천, 초~고, 학교 밖) 위기 청소년 진로 탐색
드림로드학교 (구리, 중~고) 길 위에서 여행하는 여유와 새로운 경험, 진로 탐색
뺀스 (안산, 중) 맞춤형 댄스교육, 뮤지컬 관람, 진로 탐색

ㅁ~ㅂ

마연친(마을연구 친구) 모여라! (오산, 초3~고1) 마을연구, 우리 학교와 마을 사랑하기
마을교육공동체와 함께하는 쉼이 있는 힐링학교 (화성, 초5~고3) 건강한 에너지 회복
마을이 키우는 아이들 (남양주, 초) 자연 놀이 통해 진정한 쉼, 건강한 에너지 회복
마을 정부 공동체(Government-Town) (파주, 중~고) 학생자치정부, 마을교육공동체 구축
모두의 카페(MOCA) (양평, 고1~2) 칭찬카페 통한 학교문화 개선, 창업 아이템 발굴
맘 챙김 꽃일다 학교 (시흥, 초~고) 재미와 쉼이 어우러진 치유, 에코 힐링 교실
문화예술 · 여행학교 꿈을 잃어버린 아이들을 품다 (파주, 중1~고2) 뮤지컬, 연극 공연
원데이학교 (양평, 중~고) 공동체 삶, 의미 있는 삶 경험, 공동체 게임과 토론
미스테리호러스쿨 (수원, 초5~중1) 두려움 극복, 학업 스트레스 해소, 영어 연극
바글바글 영화학교 (여주, 초3~고3) 영화제작 기초교육, 단편작품 제작, 진로 체험
부천 만화상상 놀이터 꿈의학교 (부천, 고1~2) 창조적 직업 체험, 나만의 캐릭터 기획
[비밀기지] 마을학교 (고양, 중~고) 쉼과 마음 회복을 통한 자존감 향상, 휴먼라이브러리
비타스쿨 (김포, 중) 흥미와 소질 계발, 다양한 체험, 특기 개발 위한 프로젝트 학습

ㅅ

사과나무숲 꿈의학교 (구리남양주, 초4~고1) 역사와 과학 융합교육, 지역문화재 탐방
사동이네 골목이야기 (광명, 초~고) 마을 먹거리 체험, 철산4동 골목에서 이야기 나누기
삶의 목적을 찾아나서는 길 고래의 꿈 (고양, 초6~중1) 나의 가치, 나를 디자인하기
성남 LAMP 꿈의학교(Land, Art, Music, Picture) (성남, 초~중) 예술·독서 연계 인성교육
성남 우리동네 청소년 오케스트라 꿈의학교 (성남, 초5~중) 현악기·관악기 합주
세상에서 가장 어려운 일 '자기소개서' (성남, 고1~2) 다양한 방법으로 나를 소개하기
세상을 바꾸는 '천 개의 직업 학교' (안산, 초5~고3) 나와 세상을 바꾸는 창업 정신
셰프를 꿈꾸는 아이들! 마을에서 요리하다! (양평, 중) 건강한 먹거리 만드는 요리사 양성
손잡고 나란히 꿈의학교 (부천, 초~고) 학교 밖에서 또래 청소년들과 관심 분야 탐구
송아리학교 (시흥, 중~고) 네일아트, 드로잉, 도자기 등 자유로운 미술 활동, 적성 발견
수상한 가족 만들기 (고양, 초~고) 또래집단 동아리 활동을 통한 마을 가족 만들기

수원 꿈의학교 '누구나' (수원, 초4~중3) 생활악기 합주를 통한 음악 치유, 작곡과 발표
수원 생태공작 꿈의학교(As Nature) (수원, 초5~중1) 생태프로젝트, 진로 탐색과 힐링
수원 청소년 뮤지컬 꿈의학교 '별빛동네' (수원, 중1~2) 학교·가정 내 갈등 해소, 연극
수원 청소년의회 꿈의학교(나도 의원이다!) (수원, 중2~고) 민주적 의정활동 체험
술래 JOB기 (수원, 초4~고) 라디오 교양 상식과 화술교육, 라디오 편성, 큐시트 작성
숲 속 '음악다방' 학교 (양평, 중1~고2) 대중문화 이해하고 안목 기르기, 내 이야기 쓰기
슬로푸드로 행복韓 문화나들이 (고양, 중) 슬로푸드 음식 만들기, 정서적 안정, 인성교육
시흥 장곡마을 꿈의학교 '너도' (시흥, 초~고) 마을탐구, 영상제작, 철학연구
시흥 종합예술 꿈의학교 '다섯손가락' (시흥, 중2~3) 목공 등 수작업 통한 관심 분야 탐색
쓰담쓰담 대학생 꿈지기 멘토링 (수원, 초~고) 대학생 지역 참여 활성화, 함께하는 멘토링

ㅇ

아룸 앙상블 꿈의학교 (경기전체, 중~고) 위기 청소년을 위한 건강한 자아 회복
아망가우디 (용인, 고) 건축물 답사, 시공 현장과 설계사무소 견학, 지식공유 전시회
아토제나~나눔 속의 쉼 찾기 (수원, 중2~고2) 캄보디아 방문, 더불어 살아가는 삶 이해
안산 가치 있는 꿈의학교 (안산, 중~고) 청소년 문화예술 체험, 자아성찰과 진로 탐색
안산 승마 힐링 꿈의학교 (안산, 초~중) 문화 취약계층 학생 신체·심리 안정, 승마캠프
안산 승마 힐링 토요꿈의학교 (안산, 초~고) 문화 취약계층 학생 신체·심리 안정
안성 내 안의 나를 발견하는 꿈의 뮤지컬 학교 (안성, 중~고) 지역 청소년 예술 창작
안성맞춤 공예 꿈의학교 (안성, 중~고) 공예작가 작업실에서 실제 체험, 도자·목공·섬유
안양 청소년 축제기획 꿈의학교 (안양과천, 중~고) 마을축제를 통한 소통, 사회참여
양평 작은 합창 음악극 꿈의학교 (양평, 초~고) 창작음악극 제작, 시놉시스, 영상제작
애들아~ 옹달샘에서 쉬어가자 (양주, 초1~3) 작은도서관에서 놀이와 재미, 공부 체험
에코 건축학교 (광명, 중1~2) 나만의 에코 집짓기, 아이디어 내고 구현하기
여주 청소년 뮤지컬 꿈의학교 (여주, 중~고1) 농촌지역 청소년 문화 체험, 뮤지컬 기획
역사놀이터 (수원, 초4~중1) 놀이를 통한 체험적 역사교육, 학생 스스로 프로젝트
연극스쿨 (안산, 중~고2) 연극을 통한 자신감 회복, 협동심 배양, 뮤지컬 기획, 발표
연천 '에코+연극' 꿈의학교 (연천, 중~고) 연극놀이를 통한 우리 동네와 나의 정체성 찾기
오감학교 (용인, 중~고) 통합예술교육, 자존감 회복, 공동체 놀이, 역할극 통한 자아발견
오?늘! 학교 (수원, 중1~고3) 오셀로, 마스터로직, 중국체스, 전략게임
오만가지 즐거운 꿈의학교 (군포의왕, 초~고) 마을 사람들과 문화, 체육 활동
오산 스스로 개척하는 꿈의 진로학교 (화성오산, 고1~2) 직업 탐색 위한 학생 동아리 운영
오산하이리그 꿈의학교 (화성오산, 중~고) 축구를 통한 민주시민 역량 제고, 자율적 리그
오산화성 학교너머 Cell Shool 꿈의학교 (화성오산, 중) 청소년 케어, 치유, 텃밭 가꾸기
용인 청소년 뮤지컬 꿈의학교 'OTOM'(Our town Our musical) (용인, 중1~고) 뮤지컬 체험
우리가 만드는 뮤지컬 유토피아 (김포, 초4~6) 연극 통한 자아존중, 자신감 회복
우주인 꿈의학교 (용인, 초5~고1) 진로 포트폴리오 실행, 마을 주민이 후배 진로 양성
유앤아이 뮤지컬학교 (남양주, 중1~고3) 내 이야기 뮤지컬로 만들기, 스트레스 해소
의왕 애니메이션 제작스쿨 '꿈의 공작소' (군포의왕, 중~고) 애니메이션 기초이론, 실습

의정부, 수원 카메라를 든 아이들 꿈의학교 (의정부, 고1~2) 취미·여가를 통한 인성 함양

이천 도예 꿈의학교 (이천, 초5~6) 지역 특색 살린 도예교육, 작품 제작, 지역 발표회

인자람 발명 꿈의학교 (의정부, 중1~2) 스마트폰 앱 개발

ㅈ—ㅊ

'자꿈학교' 자연에서 꿈을 만나다! (수원, 초4~중3) 농업, 원예, 숲을 통한 생태 체험

자신감을 찾는 패션쇼 (수원, 초~고) 신체 이용한 자기표현, 패션쇼 기획, 영상 제작

자유정보학교(FIS) (광주, 초~고) 정보과학 학습, 프로그래밍·디자인·개발·웹프로그래밍

장흥민학교 (고양, 초~고) 자유롭게 순수미술 체험, 창의적 작품제작, 발표

전통학교 (용인, 고) 전통에 대한 고정관념 벗어나기, 한복·경복궁·한정식·한옥마을

정발산 마을학교 (고양, 중2~3) 진로 탐색, 상담교사와 함께 꿈 찾기, JOB 매거진 제작

즐거운문화학교(창작놀이터) (안양, 초3~6) 문화예술 현장 체험, 가족과 함께 여가 즐기기

즐거운 해프닝-제주는 학교 (성남, 중3~고) 일상을 벗어나 해프닝 만들며 나를 만나기

진G학교 (김포, 중1~2) 직업 체험 통한 글로벌 인재 양성, 해외 협력기관 연계 체험

창의감성원예 (성남, 초) 원예교육, 다문화·맞벌이·한부모 가정 아이 정서 안정

창의앱학교 (용인, 초) 나에게 필요한 앱 찾기, 앱 개발, 디지털 공간 경험

찾아가는 나의 꿈 (성남, 중1~3) 경험하지 못했던 나의 꿈 찾아 도전, 운동 체험

청소년 공연 전문가 꿈의학교 (광주하남, 중) 지역 예술가와 공연장 결합, 현장 교육

청소년소셜진로학교 (성남, 중1~고2) 사회적 기업가 모의창업, 맞춤형 진로 인턴십

청소년, 연극을 만나다 꿈의학교 (성남, 중~고) 지역문화예술기관과 함께 꿈 찾기, 창작

청소년 참통(참여와 소통) 의회자치 꿈의학교 (의정부, 중~고) 의회 운영, 민주의식 함양

청소년 창업체험학교 꿈드림 (수원, 중1~3) 창업 체험, 플리마켓 운영

청소년 치유 꿈의학교 '온새미로' (부천, 초~고) 감정 표현, 치유 공연, 인문학 강좌

청소년힐링연극학교 (수원, 중) 유해환경·물질로 중독된 사회문제 해결, 심리치유

청평호반 수상스포츠 꿈의학교 (가평, 중) 수상스키 등 수상스포츠 통한 진로 탐색

친구야! 우리 가게에 놀러와! (광주, 초4~고3) 공예, 수공예, 도예, 밴드 경험

ㅍ—ㅎ

파주 청소년 창작 연희 꿈의학교 (파주, 중~고) 축제 기획, 융합예술교육, 진로 탐색

파주 출판도시 책과 영화 공작소 (파주, 고1) 책 내용을 소재로 다양한 콘텐츠 제작

파평 RUN—LEARN—FUN 학교 (파주, 초3~6) 지역사회 시설 활용한 진로 탐색, 놀이

평택 마을숲 탐험가 꿈의학교 (평택, 초5~중) 마을 생태조사와 연구 통한 진로 탐색

포롱포롱포로롱 (의정부, 중~고, 학교 밖) 청소년 창업, 사회적 기업 경험, 푸드트럭 운영

포천 역사와 뮤지컬 꿈의학교 (포천, 초5~고) 인문학과 예술로 민주시민의식 고취

푸드시크릿스쿨 (화성, 초) 건강한 식생활 체험과 토론, 조사 활동

학교 내 복지인력과의 협력을 통한 꿈의학교 (수원, 초1~3) 돌봄 사각지대 해소

한옥 꿈의학교 (파주, 고2~3) 대목, 소목, 미장, 구들, 와공 등 기본 실기, 놀이 활동

行하라! 학교 (양주, 중1~고2) 창의공학 프로그램 활용한 학생 창의성 향상

헤이리 예술마을 꿈의학교 (파주, 초5~중) 헤이리 소재 20여 개 공간에서 예술 강좌

화성으로 간 스쿨버스 꿈의학교 (화성오산, 초~고) 마을의 숨은 공간·사람 찾고 배우기

A-Z, 숫자

CIA 학교 (안양, 중~고) 기획광고 제작으로 우리나라 홍보, 디지털 미디어 플랫폼 개발
"HOPE" 꿈의학교 (광주, 초6~중2) 자신만의 고유한 생태적 지위를 만드는 창의력 향상
life and beyond school (의정부, 중) 생태계와 환경 프로젝트 기획 운영, 동식물 키우기
Not ALONE 문화예술학교 (수원, 초~고) 자아정체성 확립, 예술교육, 학업중단위기 예방
Social Neighbor School (안성, 중~고1) 타인에 대한 이해와 인간관계 회복, 자존감 향상
special학교 (광주, 초~고) 레고를 통한 관계 형성과 예술, 공예, 여행 등 상품 개발
WHY학교 (양평, 초~고) 자연 속에서 건강한 에너지 회복, 생각의 틀을 깨는 열린 교육
3D프린팅 꿈을 찾는 돌봄학교 (수원, 초~고) 아이디어 개발, 창의력 향상, 진로 탐색
3GO 꿈의학교(찾GO! 경험하GO! 표현하GO!) (가평, 중3) 직업 현장을 벽화로 표현

■ **2016년 (463개 학교)**

ㄱ

가수의 꿈을 키워가는 꿈의학교 (남양주, 초~고) 곡 익히기, 곡 녹음하기, 앨범 제작
가온누리 파주 청소년 의회 꿈의학교 (파주, 중~고) 청소년 의회활동 체험, 조례 만들기
가치같이 (용인, 동아리) 사회적 경제 기초 학습, 진로 체험교실
가평마을청소년 원탁토론 동아리 (가평, 동아리) 함께 소통하고 성장하는 원탁토론
가평생태학교 (가평, 초~고) 학생 주도 자연생태 탐방, 가평 생태환경 지도 제작
가평청소년 문사철예 꿈의학교 (가평, 중~고) 청소년 토론회, 독서를 통한 인문교양
가평 커피 바리스타 꿈의학교 (가평, 중~고) 카페와 커피산업 이해를 위한 탐방 체험
가평팜파티 꿈의학교 (가평, 중~고) 파티, 요리, 가평문화, 역사, 산업에 대한 교육
감따기 밴드 (안산, 동아리) 자작곡 제작 지원, 전문가 멘토링
같이놀자 (고양, 동아리) 인형극팀 구성, 지역 공연
거북이걸음 (가평, 고) 강릉 카페거리 견학, 서울 카페쇼 참가
건강한 어울림, 두레마을 전래놀이 꿈의학교 (동두천, 초5~중2) 마을축제 창작, 공연
건축학교 아키 (안양, 고) 패시브하우스 모형 제작, 바우하우스 전시회 개최
걸음동무 (동두천양주, 동아리) 민주시민 육성을 위한 회복적 생활교육 실천
경기 의정부 뮤지컬 꿈의학교 (의정부, 중~고) 배우, 의상, 분장 디자인, 극작
경기 카메라를 든 아이들 꿈의학교 (수원, 중~고) 사진 이론교육, 실습, 마을 전시
경청 리코더 꿈의학교 (수원, 초~중) 음악 관련 분야 직업군 탐색, 재능기부 연주회
고양 게임 메이커 꿈의학교 (고양, 초~고) 의사소통과 토론 수업, 진로 탐색
고양 꿈꾸는 뿌리 꿈의학교 (고양, 중~고) 원탁토론, 핵심역량 평가지표 작성
고양 꿈사랑 꿈지기 (고양, 동아리) 마을교육공동체와 독서토론, 직업 세계 이해
고양 미디어아트 꿈의학교 (고양, 초4~중2) 디자인적 사고, 디자이너 기업가 정신 이해
고양 어린이/청소년농부들이 꿈꾸는 꿈의학교 (고양, 초~고) 자연순환 도시농업 경험

고양 온 마을교육공동체 꿈의학교 (고양, 중~고) 꿈꾸는 시간, 생각할 시간과 여유 갖기

고양 유레카 발명 꿈의학교 (고양, 중) STEAM 교육, 창의성, 다양한 발명, 로봇 사이언스

고양 작가가 되자 꿈의학교 (고양, 중~고) 인문학(고전·문학·역사) 예비작가 양성교육

고양 청소년미디어 꿈의학교 (고양, 고) 미디어 바로 읽기, 영상미디어 제작

고양, 파주 청소년 창작연희극꿈의학교 (파주, 중~고) 창작연희극 작품 구상, 연출, 공연

고양 학생의회교실 (고양, 초~고) 리더십 강의 참여와 소통 훈련, 조례안 발의

고양화정학부모포럼 (고양, 동아리) 청소년 체인지 메이커 활동

고전과 함께 하는 해오름전래놀이 동네한바퀴 (광명, 동아리) 고전으로 배우는 놀이

공양미 삼백석 심봉사 꿈의학교 (안양, 고) 어르신들 생애 자료 수집, 녹음, 저술, 발표

공통분모 (동두천양주, 동아리) 소통과 협력으로 주변 문제를 해결하는 힘 키우기

과천 농사와 요리 꿈의학교 (과천, 초) 모종심기, 모내기, 내가 만드는 밥상여행, 김장

과학으로 세상을 이롭게 하는 탐구공동체 (안산, 고) 프로젝트 주제형 과학탐구활동

광명심포니와 함께하는 '뮤직스쿨' (광명, 초~고) 다양한 음악적 기회, 뮤직스쿨, 발표

교과서를 뛰쳐나온 자연 (화성, 초) 숲과의 만남, 나는 숲 속 박사, 숲속놀이터 활동

구리 독서와 창작 꿈의학교 (구리, 중) 문화놀이, 마이북, 리딩퍼포먼스 프로젝트

구리 캐릭터 연극 꿈의학교 (구리, 초~중) 캐릭터 분석하기, 캐릭터 만들기, 연극 발표회

국경 없는 마을 문화학교 (안산, 중~고) 다문화 지역사회 이해와 체험

국악동아리 '우리랑' (고양, 동아리) 장애학생 참여 예술교육

군포 국악오케스트라 꿈의학교 (군포, 초~중) 오케스트라 편성, 음악이론, 악기연주, 공연

군포 꿈의 개그학교 (군포, 초4~고) 상상력 훈련, 고정관념 깨기, 꿈의 개그콘서트

군포 내 생애 첫 무대 꿈의학교 (군포, 중~고) 청소년 관점에서 공연 예술 제작 체험

군포 랩 스쿨 꿈의학교 (군포, 중) 지역 '청년 예술가' 발굴, 랩으로 만나는 청소년 문화

군포 레디액션1318 꿈의학교 (군포, 중~고) 영화제작 워크숍, 청소년 영화캠프

군포 수리산청소년생태 꿈의학교 (군포, 중~고) 수리산 숲 체험, 생태교육

군포 어울림 꿈의학교 (군포, 초~고) 밴드 창단, 나만의 역사책, 역사 캠프

군포 요리·축구·문화예술 꿈의학교 (군포, 중~고) 지역 내 청소년 꿈 네트워크 구축

군포 음악 오케스트라와 함께하는 Melody 꿈의학교 (군포, 중~고) 연주, 합창, 음악회

군포 자연 품에 크는 아이들 꿈의학교 (군포, 초~중) 자연학습장 구축, 텃밭 가꾸기

군포 특종을 꿈꾸는 아이들 꿈의학교 (군포, 초~고) 신문아카데미, 현장탐방

군포 함께 찾아가는 진로 꿈의학교 (군포, 초~중) 대인관계와 진로 집단 프로그램

금당어깨동무 (여주, 동아리) 목공과 미술을 주제로 모둠활동, 집단 상담

기억의 쉼표 (안산, 동아리) 글쓰기와 인터뷰 방법 익히기, 인쇄물 제작

김포 고촌아트홀 꿈의 관현악학교 (김포, 초~고) 예술교육을 통한 재능 발견

김포 콩나물 뮤지컬 꿈의학교 (김포, 중~고) 학생들이 만들어가는 뮤지컬 제작

까치서당에서 군자되자 (안산, 초~고) 다양한 우리문화 체험, 공동체 의식과 자아실현

꼽이꿈공작소 (부천, 동아리) 꼽이청소년 심야식당, 꿈 찾고 구체화하기

꼽이 텔링 더 스토리 (부천, 중~고) 청소년단편영화제 기획단, 꼽이 영화제작소, 팟캐스트

꿈만꿈(꿈을 만들어가는 꿈의학교) (연천, 중~고) 대학 탐방, 모의 직업체험학교

꿈씨 마을학교(꿈의 씨앗을 심는 마을학교) (수원, 초4~고) 보컬교육, 연극수업, 커피교실

꿈꾸는 공간 (성남, 중) 수학·기술·건축 활동, 학생 자치 프로그램 운영
꿈꾸는 놀이터 마정리 마을 (파주, 동아리) 지역문화 지킴이와 창의적 놀이문화
꿈꾸는 또래 만화스쿨 (안성, 중) 개인만화 그리기, 화집, 디자인 북 제작
꿈꾸는 자전거 드림스쿨 (의정부, 중~고) 지역사회 주민과 함께 자전거 교육, 자전거 투어
꿈꾸미들 (화성오산, 동아리) 무럭무럭작은도서관 동아리 활동, 독거노인 봉사활동
꿈★담 자연요리학교 (군포, 중~고) 요리체험교실, 부모님 초청의 날 행사
꿈바라기 (평택, 동아리) 마을교육공동체 관련 독서 토론, 숲 생태 체험
꿈 발전소 학교 (광명, 중) 과학이론 학습, 친환경적인 발전기 만들기
꿈을 노래하는 합창학교 (안산, 초~고) 합창교육, 합창공연, 소외계층 찾아가는 음악회
꿈을 담은 아로마 (고양, 동아리) 독서토론, 창의교구활동, 창의 실험
꿈을 찾는 나의 모험 (김포, 고) 대학 탐방, 직업군 강사 초청, 내가 원하는 직업 수업
꿈을 찾아가는 샘터 LMODS (양평, 초~고) 마을에 사는 여러 분야 직업과 인물 만나기
꿈의 자치 학교 (군포, 중) 학생자치활동 공유, 캠페인 기획
꿈의무대학교 (동두천양주, 중~고) 연극과 뮤지컬 관람, 공연
꿈의학교 '상상 수(秀)UP' (화성, 초) 인성교육, 자기주도 학습, 기초학습 지도
꿈의 해오름 자전거 학교 (광명, 중~고) 자전거 투어, 자전거 선발대, 프로젝트 발표
꿈의 현악 오케스트라 (가평, 중) 방과 후 만남으로 선후배 화합, 합주와 발표
꿈이룸학교 (의정부, 초~고) 마을 프로젝트, 마을 잔치
꿈지락(꿈을 찾는 즐거움) (양평, 초~중) 진정한 '나'를 찾고 확립하기, 꿈지락 콘서트
꿈·之·樂(창의미술동아리) 공공미술을 그리다 (군포의왕, 동아리) 공공미술 강좌, 교육봉사
꿈 찾고(Go), 나눔요리 고(Go) (동두천양주, 동아리) 요리를 통해 건강한 식습관 개선
꿈타래 공방학교 (광주, 초~고) 전통한복, 매듭, 전통한지 만들기 체험, 마을장터 열기
꿈 팡! 나눔 팡! 마음 팡! 시흥 팝콘 동아리 (시흥, 동아리) 일대일 멘토링, 공감과 소통

ㄴ

나·너·우리가 CEO 되어가는 학교 (광주, 중~고) 분야별 창업 CEO 만남, 사업계획 작성
나도 여행 작가 학교 (성남, 중) 여행·사진·글쓰기에 관심 갖기, 여행 작가 만남
나의 꿈, 나무의 꿈! 희망목공소 (화성, 초~고) 생활 목공, 지역주민과 협력 봉사
나, 참 잘해(나눔, 참여, 잘해서 해피해) 학교 (군포, 중~고) 마을이야기 제작, 요리·미술
난 is 뭔들 학교 (양평, 중~고) '나'를 찾고 '나'의 소중함 확립, '나' 관찰일기
남시흥 청소년 오케스트라 꿈의학교 (시흥, 초~고) 오케스트라 교실, 악기교실 운영
남양주 영화 제작 꿈의학교 (남양주, 중~고) 영상 제작, 학교와 지역 교육자원 연계
남양주 왕숙천 꿈의학교 (남양주, 초~고) 적정기술 견학, 숲 체험 생태교육, 환경축제
남촌 마중물 꿈 두레박 동아리 (용인, 동아리) 책 읽어주는 어머니 활동, 책방 나들이
남한산 산촌살림터 학교 (광주, 초~고) 학생들이 운영하는 산골자연생활공동체
내가 만든 전통 스쿨 (용인, 초~중) 판소리, 무대기획, 소리꾼·춤꾼 교육
내 꿈이 드론과 나르샤 (성남, 중~고) 드론으로 복합적 사고와 미래 진로 탐색
너나들이 학교 (광주, 고) 할머니·할아버지에게 듣는 역사교실, 장애학생과 어울림 축제
네모의 꿈 (화성, 초~중) 환경 감수성 키우는 생태계 체험교육

노벨상을 꿈꾸는 학교 (화성, 중) 과학 실험, 개인 연구, 주제별 의견 교환

놀이로 크는 아이들 (화성, 초) 숲 놀이, 전래놀이, 역사탐방, 마음 기르기 프로젝트

놀이 소리 함께하는 성남북 꿈의학교 (성남, 초) 음악을 매개로 학생 스스로 고통 치유

놀이터 (여주, 동아리) 꿈 찾기 활동, 진로 탐색, 나의 꿈과 진로 표현하기

높이 나는 서신꿈틀이 (화성, 초) 공정 여행 배우기, 진로 탐색과 직업 체험

누구나 별 학교 (평택, 초~고) 천체 사진 찍기, 찾아가는 천문대, 성장 발표회

느루와 함께하는 우리 장단 학교 (광명, 초~고) 사물놀이와 설장구 수업, 동아리 공연

니캉내캉 통통통 (안양과천, 동아리) 학부모가 진행하는 일본어교육, 자원봉사

니하오! 워더 몽시안!(안녕! 나의 꿈!) (연천, 고) 중국어와 문화를 이해하는 모둠 활동

ㄷ

다솜바리 (의정부, 동아리) 장애학생 면담, 장애 인식 개선 프로그램

달항아리에코 (광주하남, 동아리) '생태에너지 자립마을' 교육공동체 추진, 역사 강좌

대내리 마을 텃밭 교육공동체 (고양, 동아리) 농사 체험, 먹을거리 생산, 나눔 기부

대한민국 청소년! 보통 아니지? (용인, 중) 우리 역사·문화를 세계에 알리는 나눔 활동

댄스밴드 (성남, 중) 자기주도적 연습, 레슨(댄스부, 밴드부), 진로 탐색

더불어 꿈의학교 (안양, 초) 다문화 가정 자녀 학습능력 향상, 역사교육

더불어 쿱(co-op) (광명, 고) 사회적 경제 관련 독서 토론, 소셜 벤처 모의 창업

덕(분에)후(련하다)학교 (용인, 중~고) 고민 말하고 듣기, 심리상담

도담도담밴드 꿈의학교 (가평, 중~고) 악기 강습, 합주, 특강, 실습

도예가 있는 명품 왕방학교 (포천, 초) 도예학습, 인성교육, 도안 제작, 작품 제작

동네방네기자학교 (구리남양주, 동아리) 다양한 언론매체 활동, 내 삶에 의미 부여하기

동네한바퀴 (수원, 동아리) 나를 발견하는 디자인 사고력, 마을신문 제작

동두천 두드림 꿈의학교 (동두천, 초~고) 설장구, 사물놀이, 창작 모듬북

동두천 VnC School (동두천, 중~고) 도전과제 설정하기, 영상과 사진으로 기록하기

동두천양주 공연예술 꿈의학교 (양주, 중~고) 지역 역사·설화·인물 탐방하고 연극 만들기

두둥(우리의 꿈을 높이 띄운다) (포천, 고) 생각 나누기, 토론식 학습, 독서와 공연 관람

두드림 (구리남양주, 동아리) 영화 제작과정 체험, 민주시민의식 함양

두드림 동두천 의회학교 (동두천양주, 중~고) 동두천시 의회학교 조직·운영, 의회 체험

두드림(DO DREAM) 청소년 오케스트라 악기교실 (동두천양주, 중~고) 설장구, 사물놀이

드론만세 (화성, 고) 레이싱 드론, 촬영전문 드론, 산업용 드론 등 다양한 조종법 습득

드론으로 펼치는 드림스쿨 (화성, 초~고) 드론 이해와 활용, 기술 습득

드리머(책이랑 놀아) (성남, 중~고) 전래놀이와 그림자극, 공연 기획, 재능 기부

드리밍 (성남, 중~고) 음식에 대한 이해와 실무능력 성장, 개인별 진로 심화 학습

드림 레인보우스쿨 (고양, 초) 영어 뮤지컬 공연, 무지개 학교 페스티벌, 뮤지컬 캠프

드림 홀리데이 (부천, 초~고) 직업 페스티벌 데이 제정, 체험하는 직업교육

디베이트 꿈의학교 (용인, 초~중) 디베이트 강사 양성 프로그램, 도내 디베이트 대회

디자인으로 세계를 꿈꾸는 아이들 (성남, 중~고) 디자인 수업, 견학, 에코백 만들기

ㄹ

라미두스 (용인, 중~고) 로봇 설계와 제작, 로봇 박람회 견학, 포트폴리오 작성
라온제나 가족 오케스트라 (파주, 동아리) 가족이 함께하는 가족 오케스트라
라온하제 대학교 (부천, 초~고) 스토리텔링, 대본 쓰기, 리허설과 공연
레인보우 학교 (용인, 고) 다문화센터 현장 체험, 다문화 독서 토론, 캠페인

ㅁ

마을과 함께 꿈꾸는 구리 출판 꿈의학교 (구리, 중~고) 출판 기획안, 취재, 마을잔치
마을문화 기획단 (시흥, 초~중) 청소년기획 프로그램, 청소년 멘토 체계 확립
마을살이 모듬살이 (구리남양주, 동아리) 친환경 비누와 화장품 주제로 체험 학습
마을에서 마을로 (구리남양주, 동아리) 다양한 마을 활동, 우리 고장 배우기
마음껏 과학실험 꿈의학교 (수원, 고) 과학자 꿈 키우기, 멘토 강사와 실험, 전공 탐색
마중물 STEAM-T 창의발명 꿈의학교 (고양, 초) STEAM-T 프로그램, 교육나눔 봉사
마칭밴드 꿈의학교 '니틀스쿨 드림 라인' (고양, 초~중) 마을과 함께 즐기는 밴드
망포고와 함께하는 마을탐구 동아리 (수원, 동아리) 마을여행 지도 제작, 독서토론
모수국 꿈의학교 (수원, 초~중) 과학탐구, 생명과학, 천체 관측, 진로 탐색
몽글몽글 성장학교 (수원, 중) 꿈(夢) 찾기 위해 책(글) 읽기, 테마 여행, 꿈 출판 활동
맘챙김 꽃일다 학교 (시흥, 초~고) 놀면서 풀어보자 교실, 찾아가는 다문화놀이 교실
무브먼트스쿨 (남양주, 중) 학생들이 촬영한 파쿠르 영상으로 UCC 등 영상물 제작
'무한도전 HipHop' 꿈의학교 (화성, 초~중) 댄스, 연출, 음향, 특수효과 그룹 활동
무한상사 꿈의학교 (수원, 중~고) 자율적으로 기획하는 진로 탐색, 생활경제교육
미금 품앗이배움터 (구리남양주, 동아리) 학생과 학부모가 만드는 마을학교 비전
美다운ME (동두천양주, 중) 원예치료 강의와 실습, 생활원예 봉사활동
미래를 여는 IT융합 SW학교 (수원, 초~중) 스크래치 활용법, 드론제어 코딩실습, 발표
미래 법조인을 꿈꾸다 (군포, 초~중) 현장 견학, 민사·형사재판 모의법정
미래의 직업 '미디어 월드' (화성, 초~중) 자기주도 진로 개척, 진로교육 활동
미술 전시회 하자 꿈그리기 학교 (안산, 초~고) 작품 완성, 전시, 판매

ㅂ

바이올린피플 (안산, 동아리) 바이올린 강습, 자존감과 성취감 고취
박물관 탐험대 (연천, 초) 전국 박물관 견학, 직접 보고 느끼는 체험 활동
반딧불이 (성남, 중) 직업 선택, 체험, 견학, 진로 고민 프로그램
배곧돋움을 위한 꿈의 무한도전 학교 (시흥, 고) 꿈키움멘토링 활동, 讀書問思製
배우go 나누go 하남역사스쿨 (하남, 중~고) 하남 문화·역사 공부, 문화유산 답사, 사진전
백두대간 인문학교 (용인, 중~고) 백두대간 걸으며 자아성찰, 심신 단련, 공동체 의식
벤처스타 바리스타 꿈의학교 (안산, 중~고) 청소년 기업가정신 교육, 바리스타 교육
별나비 (동두천양주, 동아리) 천체 관측, 정기적인 과학 활동 프로그램
별무리, 달무리, 우리끼리 꿈꾸는 꿈의학교 (오산, 초5~6) 별을 보며 나의 꿈 찾기
별이 빛나는 밤에 (시흥, 중~고) 천문학에 대한 관심 키우기, 연구소 방문

별하 (성남, 중) 세계화 시대의 외국어 학습, 다문화체험, 펜팔과 회화 습득
부천 만화상상놀이터 꿈의학교 (부천, 중) 디지털 장비 이용한 웹툰 교육, 제작
브미스티에 창업학교 (성남, 중) 스타트업 기업, 청소년 기업 성공 사례 탐색
비전 경영 전문학교 (용인, 초~중) 자신의 꿈을 분석하고 토론하며 탐색

ㅅ
사과나무숲 꿈의학교 (남양주, 초~고) 실물기반학습, 멘토링, 마을교육자원 연계
사랑의 DIY 재능나눔학교 (가평, 초~고) 벽화 그리기 봉사 등 다양한 재능기부
사물놀이 두드림(Do Dream) (화성오산, 동아리) 청소년 정서 함양, 전통문화 계승
사이사이학교(막간케어) (성남, 중~고) 방과 후 쉼터, 동네 공부방 운영
사진끼 (성남, 초~중) 사진을 통해 생각 표현하기, 사진과 꿈 접목하기
사회적 기(氣)업(UP) 꿈의학교 (안산, 중~고) 사회적경제 기업 멘토링, 프로젝트 수행
상상을 그리는 만화학교 (의정부, 중~고) 우리들만의 창의적 만화책 제작
상상의 문을 여는 도슨트 학교 (용인, 고) 학생 도슨트 운영, 협력과 나눔의 배움
새늘 (고양, 동아리) 위안부 문제에 대한 공부와 캠페인, 삶 나누기를 통한 진로교육
새로운학교연구회 (안양과천, 동아리) 삶을 통한 마을교육공동체 수업, 축제 기획
생각 소각장 (용인, 중) 스스로 꿈과 끼 재발견, 우리만의 작품으로 작은 전시회
생각학교 (부천, 초) 독서와 토론, 자연 체험, 책 만들기
서면과 역사 속 꿈 찾기 (광명, 동아리) 지역사회에서 아이들의 꿈 만들기
설리번 프로젝트 (안산, 초~고) IT 교육봉사 프로젝트, 나만의 블로그 개발하기
성남 과학꿈틀이 꿈의학교 (성남, 초) 1년간 팀별 프로젝트 연구, 체험학습 진행
성남 LAMP 꿈의학교 (성남, 초~중) 다민족문화마을, 창의미술마을 등 주제별 활동
성남아트센터 꿈의학교 뮤지컬로 소리질러! (성남, 중) 뮤지컬 실제 제작 과정 경험
성남 ESAMO(에세이모) (성남, 초~중) 악기교육, 합창, 오케스트라와 댄스팀 합동공연
성남 창작음악극 '기분좋은상상' (성남, 중~고) 성남 지역의 역사로 창작음악극 공연
세라믹PR학교 (용인, 중) 경기도 유명 도자기 종류와 과학적 원리 학습, 해외 홍보
세마중 세교(世交)누리단 (화성오산, 동아리) 독거노인 말벗봉사, 가사도움 봉사
세상에서 제일 찾기 쉬운 dreamer, 모두의학교 (화성, 중~고) 꿈과 관련된 다양한 봉사
세종아리 (여주, 동아리) 인문학, 과학 중심 강의와 이야기 나눔
세콤달콤학교(Ceramic-Combi) (수원, 초~고) 예술 토론, 흙으로 예술작품 만들기
소리향기 어울림 마당 (수원, 동아리) 마을교육 관련 독서토론, 사물놀이 공연
소사벌초 너나들이 (평택, 동아리) 마을공동체 강의, 전통놀이와 문화 체험
손으로 즐기는 놀이터 '두두둥(DoDoDoing)' (양평, 동아리) 공예 워크숍, 생태놀이터
송송쑝 (구리남양주, 동아리) 송촌초·송촌초 학생들의 노래 활동, 마을 음악회 참여
수원 경영 꿈의학교 (수원, 중~고) 청소년 시장경영 체험, 전통시장 활성화 방안 모색
수원 경인일보 기자 꿈의학교 (수원, 중) 뉴스와 기자의 역할, 기사 작성법 교육
수원 마을여행 보물섬 꿈의학교 (수원, 중~고) 마을공동체 알아가기, 지역별 프로젝트
수원 산책출판 꿈의학교 (수원, 중~고) 문서저작, 편집, 출판 전 과정 경험
수원 자연물목공 꿈의학교 (수원, 중~고) 목공, 원예, 생태, 환경 등 분야별 직업 탐색

수원 청소년 뮤지컬 꿈의학교 '별빛동네' (수원, 중~고) 연기, 무용, 보컬, 뮤지컬

수원 청소년 역사 꿈의학교 '역지사지' (수원, 중~고) 역사 강의와 토론, 견학

수원 청소년의회 꿈의학교 (수원, 중~고) 청소년 의회학교 구성, 의정 보고 대회

수원 텃밭소믈리에 꿈의학교 (수원, 중) 텃밭농사, 농산물 가공 상품, 자아 탐색

수원피노키오기자 꿈의학교 (수원, 초~중) 기자학교, 현직 기자와의 만남

수피아림 (용인, 중~고) 배움과 나눔의 연결고리 구축, 진로 탐색

수학·과학·소프트웨어 활동을 통한 미래를 꿈꾸는 학교 (화성, 초5~중2) 다양한 체험 활동

수학자와 과학자를 꿈꾸는 학교 (화성, 초) 코딩·소프트웨어 활동, 개인 연구

술이홀 출판사 (파주, 고) 사회적 교육협동조합 출판사 운영, 희망부서 업무 추진

숲새소리 꿈의학교 (군포, 초) 수리산 조류 탐조, 생태 관찰, '소리풍경' 콘서트

숲을 기록하는 사람들 (용인, 동아리) 대지산 식생조사, 자연과 인간의 공존

시끌벅적 말하며 공부하는 하브루타 주말 도서관 학교 (성남, 중~고) 말문을 트는 학습

시민공동경작모임 (파주, 동아리) 스스로 좋은 먹거리 고르기, 발효학교, 장터

시시때때 된장교실 (용인, 동아리) 김장채소와 메주콩 농사, 이웃과 김장

시시콜콜 (의정부, 동아리) 마을탐방 활동, 마을지도 만들기

시흥 리더십 나침반 꿈의학교 (시흥, 초~고) 리더십 교실, 힐링타임 푸드테라피

시흥 마을사람 꿈의학교 (시흥, 중) 마을공간 디자인, 공예, 음악, 멘토링

시흥 메이커 꿈의학교 (시흥, 중~고) ICT 메이킹, 3D 메이킹, 프리 메이킹

시흥 생명물길 '바라지' 생태교육공동체 (시흥, 초~고) 생태 체험, 조사, 자연치유 활동

시흥 YMCA 다섯손가락 꿈의학교 (시흥, 중) 청년멘토링 구성, 청소년 운영위원회

시흥 장곡마을 꿈의학교 '너도' (시흥, 초~고) 마을기록단, 텃밭 가꾸기, 마을축제

시흥 합창 꿈의학교 (시흥, 초~중) 어린이합창단, 지역아동센터 봉사활동

신길고협동조합 (안산, 고) 사회적경제 이론과 이해, 기업의 역할 탐구

신호등 꿈의학교 (남양주, 초~중) 근현대사 등 역사지식 수업, 통일 관련 도서 읽기

심심클럽 (수원, 동아리) 학생들이 서로 상담을 주고받으며 긍정적 자아 형성

心心풀이 음식놀이터 (고양, 중) 음식에 담긴 역사와 문화, 인간의 가치 이해

씨앗 하나 (광명, 동아리) 마을 답사, 독서 토론, 모의 창업, 나눔과 배려 다지기

○

아두이노(Arduino) 꿈의학교 (남양주, 중) 아두이노와 코딩 연구, 아이디어 토론, 체험

아띠 건강한 꿈의학교 (시흥, 중) 학생들의 정신건강, 신체건강, 진로 학습

아름 앙상블 꿈의학교 (의정부, 초~고) 문화 소외지역 연계, 뮤지컬 합창단, 꿈 탐색

아리담 (수원, 동아리) 명상을 통해 억압된 감정과 스트레스의 올바른 해소 방법 이해

아빠와 함께 뚝딱뚝딱! 목공학교 (파주, 동아리) 아빠와 자녀, 관계회복 프로그램

아빠하고 나하고 (시흥, 동아리) 자녀와 함께하는 다양한 체험 활동

아스트라이어(Astraea) (시흥, 중~고) 의회운영 체험, 학교민주주의 구현

아시아 평화리더학교 (성남, 중~고) 자아 찾기, 인권평화교육, 아시아 인권탐방여행

아자아자 연천희망넷 (연천, 동아리) 인문학 강좌, 노작교육, 마을 목공수업

아트플라워 창작소 꿈의학교 (수원, 고) 플라워 아트 분야 직업 소개, 상품 기획

안산 꿈의 보컬학교 (안산, 초~고) 노래 기획, 버스킹, 마을과 함께 나누는 공연

안산 꿈의 책쓰기 학교 (안산, 중~고) 지역사회 탐색, 사진 촬영, 글쓰기, 편집

안산 다원학교 (안산, 중) 춤을 테마로 프로젝트 학습, 맞춤형 댄스교육

안산 마을연극 꿈의학교 (안산, 고) 마을 스토리텔링 연극 만들기

안산 뮤지컬스쿨 (안산, 초~중) 노래 연습, 춤 연습, 체력 기르기, 정확하게 표현하기

안산 별의별 요리 꿈의학교 (안산, 고) 요리로 꿈 이루는 방법을 스스로 체득

안산 스포츠 꿈의학교 (안산, 초~중) 방송댄스(성장체조) 배우며 친구와 소통하기

안산 승마 힐링 꿈의학교 (안산, 초~중) 말을 통해 자신감 형성, 협동심 고취

안산 예술 속 요리 꿈의학교 (안산, 초~고) 레시피를 통해 사물의 존재 방식 터득

안산 인문학 꿈의학교 (안산, 초~고) 쉼이 있는 마을, 마을신문 만들기

안산 찾아가는 뮤지컬 '왔다! 질풍노도' (안산, 초~고) 뮤지컬 치료를 통한 관계 형성

안성맞춤 공예 꿈의학교 (안성, 중~고) 학생과 공예작가의 실질적 교류, 작품 발표

안성맞춤 진로탐험단 (안성, 초) 직업에 대한 올바른 가치관 형성, 진로 체험교육

안성 방송 꿈의학교 (안성, 초~고) 방송교육 프로그램, 영상제작, 청소년 페스티벌

안성 청소년 CEO 창업학교 (안성, 중~고) 마을 창업가와의 만남, 현장견학, 창업교실

안양과천 지역학생자치회 (안양, 중~고) 자치학생회 관련 강연 개최, 국회의사당 방문

안양 그린맵 '모두의 마을' 꿈의학교 (안양, 초~고) 우리 마을 변화시키는 '그린맵' 활동

안양 꿈바라기 진로 꿈의학교 (안양, 초) 책과 실습, 체험과 적용, 자신감 높이는 교육

안양 댄싱 꿈의학교 (안양, 중~고) 거리 공연, 가족 초청 공연, 직업인과의 만남

안양 더뮤지컬 꿈의학교 (안양, 중~고) 청소년 시각으로 기존 작품 각색, 연출, 공연

안양 에코스쿨 환경 꿈의학교 (안양, 중~고) 환경체험학습, EM 자격증 취득

안양 job 알아 꿈의학교 (안양, 중~고) 금융, 호텔, 제과 등 실무 체험 기회

안양 즐거운 연극놀이 꿈의학교 (안양, 초) 연극으로 도전의식 키우는 창작놀이터

안양 청소년 뮤지컬 꿈의학교 (안양, 중~고) 청소년이 공감하는 일상 문화예술 활동

안양 청소년 평화 꿈의학교 (안양, 중~고) 재능교육, 평화교육, 문화 체험

안양 축제기획 꿈의학교 (안양, 중~고) 학생들이 스스로 학교와 마을축제 기획

안양 틴볼 프로듀서 꿈의학교 (안양, 고) 가치중심의 삶, 지역사회 콘텐츠, 또래집단 활동

안중팜 (평택, 동아리) 청년 농부 CEO를 꿈꾸는 학생들, 독서토론, 김장 나누기

알비레오 꿈의학교 (의정부, 중) 천체 관측, 천문학 강의, 교육 봉사

알콩달콩 체험형 꿈의학교 (군포, 초) 스피치, 창의활동을 접목한 독서 장려 프로그램

애SUNNY(공도지역 교육에 애쓰는 사람들의 모임) (안성, 동아리) 견학, 독서토론

앱(APP) 컴퍼니 꿈의학교 (수원, 중~고) 앱 제작의 모든 것 체험, IT 관련 기관 탐방

야호마을공동체 방과후학교 (고양, 동아리) 연대를 통한 공부, 놀이와 돌봄 프로그램

양평 태사모 (양평, 동아리) 학생·교사·지역 주민이 참여하는 태평소 국악 교실

양평 '토닥토닥 영화공작' 꿈의학교 (양평, 초~고) 기초 기술, 영화 제작, 마을 영화제

어리다고 놀리지 말아요~♫ (의정부, 초) 어른 도움 없이 캠핑 활동, 환경 보호

어린이 꿈의학교 '책풍경' (화성, 초) 자유로운 글쓰기, 출판기념과 축하잔치

어설픈연극마을 부설 꿈의학교 (가평, 초~고) 연극제작 과정 체험교육, 기획과 공연

엄재(엄마들의 재능 나눔) (광명, 동아리) 7인 공예가 직업 체험, 나의 특기 찾기

에코! E(education)–Co(comunity) 어울림 (안성, 동아리) 사랑의 텃밭 가꾸기, 숲 체험

여섯 빛깔 무지개 학교 (이천, 초) 댄스, 피구, 배드민턴, 축구 활동

여우와 두루미 (연천, 초) 도시학생과 농촌학생 상호 결연, 눈높이 체험학습

여주 마중물 또래코칭 꿈의학교 (여주, 중~고) 또래코칭(상담)으로 상호 진로 탐색

여주 소울메이트 댄스 꿈의학교 (여주, 중~고) 다 같이 춤 연습, 길거리 공연

여주 스타홀릭 꿈의학교 (여주, 고) 자유 관측, 듣고 싶은 천문 강의, '별학교' 멘토

여주 청소년뮤지컬 꿈의학교 (여주, 중~고) 여주의 역사 인물을 주제로 뮤지컬 발표

여주 청소년 UCC 아카데미 꿈의학교 (여주, 중~고) 프로그램 교육, 홍보, 촬영

여주 행복한 진로탐색 꿈의학교 (여주, 초) 마을 직업지도, 도서관에서 찾는 진로 탐색

연천–문화예술–한탕강 知질 탐험대 (연천, 초~중) 자연환경, 문화, 역사를 다양하게 표현

연천청소년 세계시민학교 (연천, 동아리) 세계시민교육과 민주시민교육 프로그램

영주산 마을공동체 교육동아리 (고양, 동아리) 리빙 라이브러리, 진로 체험

영화 '암살'과 '백범일지'의 무대를 찾아서 (남양주, 고) 독립운동가 흔적 찾기, 소감 공유

옛 향기 찾아가는 역사학교 (용인, 고) 현장 역사 학습, 역사탐방 기행, 역사신문 만들기

오감학교 (용인, 중~고) 댄스, 음악, 연기 동아리 구성, 팀별 전문 교육

오남 꼬마뮤지컬 (구리남양주, 동아리) 모둠 활동, 연습, 상호평가와 토론

오?늘!학교 (수원, 중~고) 작가 초대, 꿈 지도 만들기, 독서토론, 동화책 만들기

오물조물 흙이랑 놀자 (연천, 동아리) 도예 제작, 작품 전시, 즐거운 마을문화 조성

오산 잔다리마을 디자인학교 (오산, 고) 마을 내 공공디자인 개선 활동, 마을지도 제작

오산하이리그 꿈의학교 (오산, 중~고) 자율적 학생 참여에 의한 축구 리그 구성

오산화성 학교너머 Cell School 꿈의학교 (오산, 중~고) 자존감 높이기와 인성교육

오카리나로 오케스트라를 꿈꾸다 (수원, 초~중) 기초 연습, 합주 수업, 연주회

오하당! (안양과천, 동아리) 인식을 새롭게 바꾸는 야간토론 학습

와글와글 둥지 (성남, 동아리) 부모가 알려주고 친구와 함께하는 '즐거운 책 세상'

용인 '내가 사랑하는 학교' 꿈의학교 (용인, 초~고) 슬로우 리딩, 엄마 아빠와 인문학

용인 새빛나래 앙상블 (용인, 동아리) 장애와 비장애 넘어 음악으로 교감, 악기교육

용인 징검다리 요리학교 (용인, 초~고) 취미, 특기, 진로를 연결하는 요리 실습

용인 청소년 역사문화 스토리텔러 꿈의학교 (용인, 초~고) 마을역사 탐구, 역할극

우리 (화성, 초) 하모니카와 우쿨렐레 협주, 진로교육

우리가 만들어가는 세상 (수원, 초~고) '꿈을 이룬 멘토 이야기' 강좌, 기록물 제작

우리는 미래의 디자이너 (안산, 초~중) 실생활에 필요한 물품 디자인, 판매

우리동네 친구 (의정부, 동아리) 돌봄 공백 아이들에게 휴식과 교류 공간 제공

우리 마을 3高 탐방 (동두천양주, 동아리) 마을 텃밭 배움터 만들기, 전통 먹거리 만들기

우정이 넘치는 장안어린이 합창단 (화성, 초) 합창, 안무, 미술 우정나눔 프로젝트

움직이는 학교 '상상 놀이터' (의정부, 초) 놀이문화 조사, 다양한 놀이터 구상

움트리 (부천, 동아리) 마을에 대해 생각 나누기, 마을환경 배우기, 내가 꿈꾸는 마을

유네스코학교와 함께하는 교육공동체 마을학교 (동두천, 고) 전통음식, 마을 가꾸기 봉사

음음움의 학교 (성남, 동아리) 브라질 삼바타악기(바투카다) 교육, 아프리카 댄스 교육

응답하라 3D (부천, 초) 컴퓨터 이용한 캐릭터 디자인, 견학 활동

의왕 애니메이션 꿈의학교 (의왕, 중~고) 애니메이션 제작 기초이론, 제작실습
의정부 둥지(생태♡독서) 꿈의학교 (의정부, 초~고) 생태와 독서를 융합한 프로그램
의정부 마을장 꿈의학교 '춤추는 장날' (의정부, 초~고) 마을장, 마을축제, 협동조합 기획
의정부 뷰티 아티스트 꿈의학교 (의정부, 고) 네일, 메이크업, 헤어 전문 교육과 실습
의정부 장영실 별 꿈의학교 (의정부, 중~고) 천체 기구의 구조와 원리, 모둠 프로젝트
의정부 평화나비학교 (의정부, 동아리) 의정부 평화의 소녀상 지킴이, 평화나비 운동
이공계 창의과학 꿈의학교 (화성, 중) 과학마술 직접 배우고 시연하기, 과학놀이 체험
이노베이터즈 (화성, 초~중) 모바일 게임 개발, 피니엔진 활용, 협업 개발
인문고전놀이 '낭소리' 나눔 스토리플레잉 (화성, 중~고) 동심의 소리, 인성의 소리 체득
인문예술 탐방 (안성, 초~고) '나도 할 수 있다' 프로젝트, 문화 탐방 활동
인문학에서 수학까지 (성남, 중~고) 인문학·수학 관련 12권 책 읽고 쓰고 경험 쌓기
인성이 함께 자라나는 도시농부학교 (용인, 초~고) 무농약 채소 재배, 도시농업 체험

ㅈ—ㅊ

자연의 빛을 담은 천연염색 디자인 꿈의학교 (수원, 초5~고1) 천연염색과 바느질 기초
자연학교 (의정부, 초~중) 생태계 학습, 갯벌·늪·밀림·삼림 특징 배우기
자연 힐링 school (의정부, 중) 힐링으로 스트레스 해소, 자연의 소중함 느끼기
자이행복한도서관 동아리 마을홍보단 (용인, 동아리) 강좌와 토론(부모), 정보탐색(자녀)
작은도서관에서 놀자 (수원, 초) 자녀와 부모가 함께 독서하기, 안전한 쉼터 공간 운영
장곡노루마루축제 기획 동아리 (시흥, 동아리) 인문학 강의, 마을축제 기획과 진행
장호원 마중물 (이천, 동아리) 마을교육공동체에 대한 이해, 학교협동조합 설립
전통문화예술 어울림 꿈의학교 (수원, 초~중) 강강술래, 사물놀이, 전통서화, 마을축제
전통이 좋아지는 토요일 (용인, 동아리) 전통 민요 이론과 실연, 전통공연 관람
정왕 꿈의학교 '여기' (시흥, 중~고) 삼시세끼반, 글쿡반, 인포TV반 운영
정왕생태마을학교 (시흥, 초~고) 정왕 생태마을학교 '에코패밀리' 운영, 에코캠프
지구를 살리는 요리학교 (남양주, 초~고) 건강한 먹거리 교육, 건강한 요리와 나눔
지구인의 ECO이야기 쎄쎄(Save Energy, Save Earth)학교 (수원, 초5~고) 환경과 에너지
지드림(g-dream) (김포, 동아리) 로봇 강좌, 로봇 프로젝트, 로봇 체험
지역사회와 함께 소통하는 공동체 (군포, 초~고) 공동체 인식, 지역사회 아트마켓
지평 날개 건축동아리(비버아저씨) (양평, 동아리) 청소년카페 '날개'에서 건축 활동 교류
진건 소리소리 (구리남양주, 동아리) 마을의 다양한 소리를 찾아 마을소식지 만들기
진로교육연구소 나래 (부천, 동아리) 자아 형성을 위한 토론과 체험활동, 진로캠프
짱돌들의 창작뮤지컬 학교 (광주, 초~고) 뮤지컬 대본 쓰기, 작곡 배우기, 공연 발표
참아리아 학교 (용인, 초~중) 주제별 해결 방안 토의, 실천 방안 모색
창의적 문제 해결 '디자인 씽킹' 교실 (화성, 중~고) 3D 모델링, 3D printing 학습
책 구경 다녀오겠습니다 (이천, 동아리) 헤리리 문학 탐방, 책 내용 옮겨 적기
청소년 공연 전문가 꿈의학교 (광주, 중~고) 공연기획, 대본창작, 제작, 연극훈련
청소년사업가 '창업' 꿈의학교 (김포, 중~고) 창업아이템 선정, 창업박람회 견학
청소년 생생정보통 (성남, 중) 전단지 배포, 피켓 홍보, 신문 제작

청소년, 연극을 만나다 (성남, 고) 연극 이해, 창작워크숍, 창작스케치, 공연과 평가
청소년의회학교 (화성, 중~고) 의회민주주의 기본 교육, 평화리더십 훈련
청소년 책 놀이 꿈의학교 '청톡' (용인, 고) 그림책 이해와 즐기는 방법, 다양한 표현
청소년 치유 꿈의학교 '온새미로' (부천, 초~고) 청소년들의 자기치유 능력 향상
청청(淸靑)마을기획단 (시흥, 동아리) 지역문화 기반을 통한 전문 기획단 양성
청평호반 수상스포츠 꿈의학교 (가평, 중) 사교육 없이 수상스포츠 통한 진로 탐색
초롱초롱 동요학교 (이천, 초) 동요의 아름다움으로 인성 기르기, 재능 나눔 음악회
최상범 교수의 골프꿈의학교 (광주, 중) 골프 순기능 체험, 이론과 기술학습

ㅋ~ㅍ

케미컬하고 스페셜한 실험학교 (용인, 고) 심층 주제 탐구와 실험, 종합 보고서 작성
쿠킹 꿈킹 메이킹 넘나들며 배우기 학교 (수원, 동아리) 음식을 매개로 체험하는 쿠킹
크자 꿈의학교 (용인, 동아리) 독서, 토론, 진로와 자기개발, 신체단련, 봉사활동
토리 (부천, 동아리) 인간 가치탐구와 표현 활동 함께 나누기, 인문학 배움
통일촌사람들 (김포, 동아리) 통일촌 사람들의 통일씨앗 뿌리기
통일한민족학교 (고양, 초~중) 고양, 서울, 부여, 경주 등 역사 명소 탐방
투미(나를 찾아 떠나는 여행) (안산, 동아리) 책과 함께 다양한 경험, 가족 대화
파이낸싱 꿈의학교 (수원, 고) 금융교육 활동 중심 직업 체험
파이낸싱 꿈의학교 (의정부, 고) 금융교육 활동 중심 직업 체험
파주마을교육공동체 연구회 (파주, 동아리) 마을교육공동체 네트워크 형성, 역량 강화
파주 북드림 꿈의학교 (파주, 고) 북콘서트, 독서토론회, 저자와의 만남
파주 영어뮤지컬 꿈의학교 (파주, 초~중) 뮤지컬 전 분야 기본 학습, 창작 기획
파주출판도시 북드림 꿈의학교 (파주, 중~고) 직업 탐방과 체험, 출판계 인사와의 대화
팜이노베이션 (가평, 중~고) 몽골 문화 체험, 몽골 학생들을 위한 책 제작
패션창업이야기 '미(美)락(樂)스쿨' 꿈의학교 (수원, 고) 패션쇼, 청소년패션 창업 지지
펀(fun)-action (수원, 중~고) 세상을 바꾸는 크라우드 펀딩 기획, 성과 나눔
평택 마을숲 탐험가 꿈의학교 (평택, 초5~중3) 생태 수업, 생태 감수성 키우기
평택 청소년 공간모모 (평택, 동아리) 청소년공동체 마을학교 마련, 마을기자단, 공연
포천 국악예술 꿈의학교 (포천, 초~중) 개인 기초·심화 학습, 파트별 연습, 발표회 준비
포천 DDR 학교 (포천, 중~고) 댄스 실습, 댄스 관련 진로 상담과 지원
포천 무한도전 과학발명 창의박사 꿈의학교 (포천, 초~중) 과학발명 교육, 진로 탐색
'퐁당퐁당' 문화홀릭 (연천, 초~중) 청소년과 문화에 대해 토론, 문화체험, 종합 발표회
푸드리어카 (연천, 동아리) 공정무역 교실 운영, '사람 중심' 기업가 정신 함양
플레어바텐더쇼 (성남, 중) 칵테일 퍼포먼스, 식음료 분야 직업 탐색.
피어라 민들레 (광주하남, 동아리) 마을 탐사, '유쾌한 골목 만들기' 마을공동체 활동
픽미(picture 美) 픽미(pick me) 스쿨 (이천, 초~중) 만화·웹툰 이해와 제작 활동

ㅎ

하남 '드림보드빌더' 꿈의학교 (하남, 초~고) 긍정심리와 소통기법을 이용한 보드게임

하브루타 학교 (용인, 고) 학생들이 함께 정한 책·영화·이슈 토론, 활동일지 정리

하하히히호호호 (안양과천, 동아리) 연극과 미술, 놀이를 통해 가족과 마을 구성원 이해

학생의 학생에 의한 학생을 위한 웨딩플래너 꿈의학교 (안양, 고) 웨딩플래너 체험

학업포기 청소년 위한 청바지 프로젝트 (성남, 중~고) 토크콘서트, 심층 멘토링 상담

한국의 미를 품고 세계 속으로 (성남, 중) 실기 수업, 작품 완성, 전시회 관람

한국축구국가대표와 함께하는 플레이싸커 꿈의학교 (군포, 초~고) 차상위층 대상 팀 운영

한국축구국가대표와 함께하는 플레이싸커 꿈의학교 (화성, 중~고) 차상위층 대상 팀 운영

한 땀 두 땀 학교 (광명, 초~중) 파우치, 필통, 손지갑 등 소품 제작

한마음 꿈 동아리 (부천, 동아리) 위인 탐구, 독서 토론, 유적지 탐구, 자아 탐색

한빛재능기부학교 (양평, 중) 자원봉사와 재능기부에 대한 이해와 실천, 벽화 그리기

한솔 배움나누기 학교 (성남, 중) 고등학생이 커리큘럼을 마련해 중학생에게 지식 나눔

함께 가는 아이들 (성남, 동아리) 독서를 통한 다각적 체험, 합창을 통한 감성 함양

해밀키즈오케스트라 꿈의학교 (남양주, 초) 바이올린, 첼로 등 교육, 공연 관람, 발표

행복한 10대의 디자인 꿈의학교 (수원, 초~고) 디자인 수업, 벽화 그리기, 멘토와 만남

행복한 화전마을 꿈의학교 (고양, 초~중) 아이와 주민이 함께 배우고 소통하는 공동체

허브셰프 꿈의학교 (수원, 중) 요리 분야 직업 소개, 허브요리 실습 교실, 마을장터 참여

헤이리 예술마을 꿈의학교 (파주, 초5~중3) 색다른 미술세계, 꿈을 찾아 떠나는 예술교육

화성 공연예술 앙상블온 꿈의학교 (화성, 초~고) 콜라보레이션 공연, 소통과 융합

화성 교실 밖 스스로 꿈의학교 (화성, 중~고) 한국사 흐름 파악, 스스로 주도하는 여행

화성 깜냥 뮤지컬 꿈의학교 (화성, 중) 다양한 감각놀이, 소통, 대본창작, 연출, 공연

화성 내마들 무대 꿈의학교(내 마음이 들리는 무대) (화성, 중~고) 전통연희극 기획, 발표

화성 네바퀴 진로여행 꿈의학교 (화성, 초~고) 청소년이 기획·운영하는 여행, 진로 탐색

화성 동(童)·동(同)·동(動) 뮤지컬 꿈의학교 (화성, 초) 뮤지컬 교육 전반, 창작 활동

화성 두루두루 꿈의학교 (화성, 초~중) 숲 해설사와 함께하는 숲 체험, 천연염색 교육

화성 드림트리 뮤지컬 꿈의학교 (화성, 중~고) 연극적 상상력 표현, 뮤지컬 공연 연습

화성 재능키움마을 꿈의학교 (화성, 중~고) 전통놀이, 여가활동 개발, 진로 탐색

화성 진로 talk talk '우동' 꿈의학교 (화성, 중~고) 심리검사, 사례특강, 직업 특성 학습

화성 착한노래 만들기 꿈의학교 (화성, 초~고) 교가 만들기, 연주하기, 오케스트라 구성

화성 철학이 영화를 만나는 꿈의학교 (화성, 초~고) 영화 주제별 교육 활동, 소감 나누기

화성 청소기 꿈의학교 (화성, 중~고) 청소년의 소리를 담는 기자들, 프로젝트 활동

화성 칠보 어울마당 꿈의학교 (화성, 초~고) 관내 기업인·관공서장과 대화 나누기

환경두레 (부천, 동아리) 자연을 사랑하고 환경을 소중히 생각하는 생태 체험

흔들고 가얏고 노래하다 (파주, 동아리) 청소년 회의를 통한 자율 활동, 가야금과 춤

희망 드림 학교 (용인, 중~고) 예비 고1의 꿈 찾기, 체험 학습

A~Z, 숫자

ABC 발달장애인 종합예술학교 (시흥, 중~고) art-body-culture 예술, 신체, 문화 활동

Back Stage Ballet 꿈의학교 (수원, 초~고) 경기도 설화를 주제로 발레 기획, 공연

Be youreself 학교 (광명, 초~중) '드라마스쿨' 공연 관람, 나와 너를 발견하고 표현

Bravo my life (용인, 중~고) 난타와 무언극을 통해 나를 찾아가는 교육

Creative Maker 꿈의학교 (고양, 초~고) 교육기관 견학, 메이커 대회 참석

Dancing To Dream(DTD) (포천, 중~고) 춤으로 배우는 협동심, 댄스 대회, 공연

Discover Dream, Doing(3D) (수원, 초~고) 프라모델 교실, '드론! 세상을 날다'

DIY흙과 나무이야기 (군포, 초) 나무로 식탁과 의자 만들기, 흙으로 생활자기 만들기

Draw My Life School (의정부, 고) 지역사회 소외계층 위한 지식 나눔, 창업교육

Dreaming Teenager Theater (성남, 중~고) 청소년연극제 기획, 마을 초청 연극 공연

Dream Scout (파주, 중) 위기 상황 생존기술(안전교육), 생태 체험, 협동심과 리더십

DSLR 학교 (연천, 중) 한국을 소개하는 영상 제작, 졸업앨범에 사진 연재

fun fun한 해부학 꿈의학교 (오산, 중) 해부 실험, 과학관 현장 체험

G.A.M.P(Gyeonggi-do Advertisement & Marketing People) (의정부, 고) 홍보기획·마케팅

G.O.B.농구학교 (화성, 고) 대입 스트레스 해소, 건강한 체력과 스포츠 정신 고양

Happy Virus 꿈의학교 (수원, 고) 자기개발과 봉사활동으로 행복한 삶 찾기

Hidden Culture Intro School (광명, 고) 잘 알려지지 않은 문화와 문화재 소개

identitiy 마술학교 (오산, 중~고) 마술 연습, 마술 강의, 노인정 무료 마술봉사

Jump up! 뮤지컬 꿈의학교 (수원, 초~중) 학생이 만들어 가는 뮤지컬

LED(luminous Endless Dream) 학교 (성남, 중) 예체능, 중국어, 한국사 흥미 유도

Made in Me (성남, 중~고) 레진공예를 이용한 반지, 펜던트 디자인, 제작, 판매

Making Actor 꿈의학교 (고양, 중~고) 연기훈련, 배우훈련, 역할분담, 공동창작

Mind Hug (용인, 중~고) 교우관계 상처 극복하기, 또래 속에서 힐링, 연극·영화 관람

M.V.M(member of video making) (용인, 중~고) 영상제작에 필요한 협동심, 이론 학습

NEW TURN (성남, 중) 주제별 기관 방문 답사, 기본지식과 심화지식, 결과 발표

Not Alone문화예술학교 (수원, 초~고) 클래식과 실용음악, 공연 기획, 버스킹

Reading is Dreaming with Open Eyes (파주, 고) 마을공동체와 함께 읽고 토론하기

Science Magic Dream (수원, 초~중) 과학·문학·예술 종합 프로그램, 진로 탐색

SDS(Super Drone School) (성남, 중~고) 드론 원리와 규제, 드론 킷 제작, 자격증 도전

'Shooting Star' 꿈의학교 (평택, 초~고) 사격 체험으로 집중력 향상, 대회 출전

S.O.S 드림학교(Space Over the Sky) (안양, 초~중) 스스로 계획하고 실행하는 연습

The 브라스 스쿨 (광명, 중~고) 봉사음악회와 교내 음악회 기획, 운영

Tradination School(tradition+nation) (용인, 중) 전통에 대한 이해, 융합과학 문화재 조사

3D모형 지역브랜드창작 꿈의학교 (시흥, 중~고) 그래픽 디자인 학습, 3D 모형 제작

3GO(찾고, 경험하고, 표현하고) 꿈의학교 (가평, 초~중) 자아 탐색, 잠재력 발견

13월의 마을교육공동체 (광주하남, 동아리) 학생이 중심인 마을교육공동체 만들기

1416 눈으로 보는 우리고장 광명 (광명, 동아리) 지역 환경과 경제에 관심 갖기

날아라 꿈의학교

꿈을 만드는 아이들의 행복한 교육 이야기

1판 1쇄 펴낸날 | 2017년 4월 20일

지은이 이민선
펴낸이 오연호
본부장 김병기
편집장 서정은 편집 김초희 관리 문미정

펴낸곳 오마이북
등록 제313-2010-94호 2010년 3월 29일
주소 서울시 마포구 월드컵북로 396 누리꿈스퀘어 비즈니스타워 18층 (03925)
전화 02-733-5505 (내선 271) 팩스 02-3142-5078
홈페이지 book.ohmynews.com 이메일 book@ohmynews.com
페이스북 www.facebook.com/Omybook

책임편집 서정은
교정 김인숙
디자인 여상우
인쇄 천일문화사

ISBN 978-89-97780-22-8   03300

이 도서의 국립중앙도서관 출판예정도서목록(CIP)은 서지정보유통지원시스템
홈페이지(http://seoji.nl.go.kr)와 국가자료공동목록시스템(http://www.nl.go.kr/kolisnet)에서
이용하실 수 있습니다.(CIP제어번호: CIP2017008520)

오마이북은 오마이뉴스에서 만드는 책입니다.